Comércio Eletrônico

Desvendando o seu funcionamento

Romeu Friedlaender Jr
2013

2

Conteúdo

O Autor 7
Introdução 11
1) A internet 17
  1.1) Tudo, menos a internet 17
  1.2) As palavras mais usadas em emails 19
  1.3) A banda larga e o progresso 21
2) Celular 25
  2.1) Os brasileiros no celular 25
3) Loja física e ou virtual 29
  3.1) Loja física X Loja virtual 30
4) Vendas pela internet 35
  4.1) Vendas pela internet 36
  4.2) O crescimento do pequeno e-commerce 37
  4.3) Demorou, o cliente vai embora 38
  4.4) Consumidor Virtual X Físico 40
  4.5) O Neoconsumidor 41
5) As Redes sociais 47
  5.1) A repercussão nas redes sociais 47
  5.2) As marcas nas redes sociais 49
  5.3) A vida útil do que você compartilha na internet ...51
6) O e-marketing 55
  6.1) A publicidade na Tv e a internet 56
  6.2) Google ou Facebook, onde anunciar 58
  6.3) Google 60
  6.4) Linkedin 75
  6.5) Twitter 79
  6.6) Facebook 84
  6.7) Comparadores de preços 91
  6.8) Email marketing 102
  6.9) Links patrocinados em portais 104

6.10) Blogs 110
7) Monitoramento 119
   7.1) Google Analytics e seus números........................119
   7.2) O que pode ser medido...131
8) Conclusao...135
   8.1) Acabou o dinheiro 135
   8.2) O trabalho nos dias de hoje 137
   8.3) Análise Final 140
9) Sites constantes na obra...145
10) Outras obras do autor...149
Glossário 153

O Autor

6

O Autor

Romeu Friedlaender Junior é formado em economia pela Universidade Federal do Paraná, com cursos de Management Information in Marketing and Sales certificado pelo Chartered Institute of Marketing, em Londres, Grã Bretanha.

Dirigiu por anos a área de planejamento do Instituto Paraná de Pesquisas de Opinião e Análise de Consumidor, empresa privada especializada em pesquisas de opinião e análise de mercado.

Escreve desde 2009 no blog Pesquisas e Números, analisando pesquisas e números que a mídia divulga constantemente.

Foi professor universitário ministrando aulas das disciplinas de Economia, História do Pensamento Econômico e Análise de Pesquisa e Mercado.

Participou ativamente como membro da equipe brasileira da pesquisa GEM – Global Entrepreneurship Monitor, maior estudo constante sobre o empreendedorismo no mundo.

No comércio eletrônico tem experiência com a Melito, loja virtual com mais de 4.000 produtos à venda e fundou o site TriClick, que reúne diversos produtos e serviços ao gosto do neoconsumidor.

É autor de outros livros e publicações, mostrado ao final deste livro.

Introdução

10

Introdução

O que é e como funciona o e-commerce, o comércio eletrônico, é o que pretendo mostrar neste livro. Não tenho a intenção de mostrar fórmulas milagrosas para ganhar dinheiro com comércio eletrônico, apenas passar uma idéia do seu funcionamento pelos olhos de um empreendedor de e-commerce.

Podemos dizer que a Amazon foi uma das pioneiras no e-commerce, começou a funcionar nos Estados Unidos em 1996, ou seja, ainda tem 17 anos, se fosse uma pessoa estaria ingressando no ensino superior neste ano de 2013.

No Brasil o e-commerce comecou mais tarde, basicamente com o Submarino, em 1999, tendo 14 anos em 2013, ainda mais novo que o e-commerce nos Estados Unidos.

Ainda está na fase de crescimento, é um adolescente com suas dúvidas e questionamentos internos e sobre o mundo, sobre o seu papel na sociedade, no caso a internet.

Este livro vai utilizar alguns textos publicados no blog Pesquisas e Números sobre o assunto somados a experiência de um empreendedor de loja virtual.

Vamos falar da internet e sua influência sobre as pessoas, do progresso que uma melhor qualidade do sinal de internet traz à comunidade e das palavras mais usadas nos emails.

A força do celular, ou smartphone, que acaba sendo um computador de bolso, com todas as funções necessárias para a utilização da internet e sua importância como ponto de acesso às lojas virtuais.

Loja física e loja virtual, qual a diferença entre elas, o que uma pode ajudar, ou atrapalhar, no desempenho da outra.

As vendas pela internet, o seu funcionamento visto pelo lojista e pelo consumidor são abordados nesta obra.

Curtir e compartilhar, mostrando a importância e influência das redes sociais no dia a dia das pessoas.

O marketing voltado ao e-commerce, suas semelhanças e diferenças do comércio de rua na hora de elaborar a melhor estratégia a ser utilizada.

O monitoramento e controle das ações de marketing é mais fácil, tem muitas ferramentas gratuitas disponíveis para acompanhar o movimento nos sites. O problema é a decisão certa para tomar depois da análise dos resultados das visitas dos e-consumidores.

Este é um livro para explicar como funciona o e-commerce e as suas principais características, bem como mostrar as suas tendências e para onde deve seguir num futuro próximo.

Cap. I

A Internet

16

1) A internet

Como você está lendo esse livro suponho que já saiba o que é a internet e seus modos de acesso, seja via computador, celular, por cabo, telefone ou da maneira que for, então vamos colocar alguns textos que foram publicados no blog Pesquisas e Números sobre esse assunto.

Nesse capítulo falamos sobre o que as pessoas deixariam de lado para poder estar conectadas a internet, quais as palavras mais colocadas nos emails, seja com aspecto positivo, ou não, e terminamos o capítulo falando da importância da boa qualidade e velocidade da internet no progresso das pessoas, e das cidades.

1.1) Tudo, menos a internet

"O que você deixaria de fazer no seu dia a dia para ficar na internet?

O Boston Consulting Group entrevistou 20 mil pessoas nos países do G20 para saber as respostas para esta pergunta.

83% não iriam mais a fast foods
43% deixariam a bebida alcóolica de lado

Até esse ponto a internet estaria sendo mais saudável.

43% parariam com exercícios físicos (e os que já não o fazem?)
15% trocariam o sexo para estar mais tempo online
10% largariam seus carros
7% não tomariam banho (Steve Jobs estaria incluído nessa parcela)

A pesquisa concluiu que as pessoas estão cada vez mais dependentes da internet, criando um sentimento de agonia e falta de alguma coisa quando não conseguem checar seus emails, conferir o facebook ou entrar na internet.

Antigamente as pessoas davam boa noite ao Cid Moreira (apresentador do Jornal Nacional antes do William Bonner), hoje em dia antes de dormir o internauta avisa no facebook e twitter, #mimirtime.

O crescimento da internet está cada vez mais forte, hoje passamos dos 2 bilhões de internautas, a previsão é que em 2016 estejamos em 6 bilhões no mundo todo. "

Texto publicado em 25 de abril de 2012:
http://www.pesquisasenúmeros.com/2012/04/tud o-menos-internet.html

1.2) As palavras mais usadas em emails

"Quando alguém está falando, continuam conversando, sempre colocando os verbos no gerúndio, dizemos que é linguagem de telemarketing, tamanha a colocação de gerúndios nas frases proferidas pelos teleoperadores.

Mas com relação a emails, quais os termos mais usados?

Para tentar chegar ao ranking do que é mais usado em emails corporativos, um pesquisador da americana Universidade Georgia Tech analisou 500 mil emails da Enron, empresa americana de tecnologia, mais conhecida pela fraude enorme encontrada na companhia.

Na lista de palavras positivas estão: "a habilidade para", "eu tomei", estão disponíveis", "cozinha" e "pensei que você iria".

As 5 que lideram o ranking negativo são: "você já esteve", "você deu", "estamos em", "título" e "preciso em".

Considerando apenas esses 10 termos, tanto os positivos quanto os negativos, vemos que não são palavras negativas nem positivas, mas que acabam sendo utilizadas de maneiras que causam impactos positivos, ou negativos, em quem está lendo o email, influenciando a ação de quem recebe a mensagem, por vezes não trazendo o resultado esperado por quem envia o email.

Claro que não é fácil ser sempre positivo, mas pelo menos temos que tentar, não custa nada."

Texto publicado em 4 de abril de 2012:
http://www.pesquisasenúmeros.com/2012/04/as-palavras-mais-usadas-em-emails.html

1.3) A banda larga e o progresso

"O Plano Nacional da Banda Larga (PNBL), uma das prioridades do governo federal, entrou em funcionamento no 2º semestre de 2011, iniciando com alguns municípios na região central do país.

E o que isso tem de importante para a economia brasileira?

Vejamos alguns exemplos citados na revista **Época Negócios:**

Na cidade canadense de Churchill, com menos de 1000 habitantes, o governo federal gastou U$32 mil para conectar a cidade toda, um ano depois, houve um incremento de U$769 mil graças a negócios fechados pelas melhores conexões de internet.

De 2004 a 2006 a produtividade dos trabalhadores na União Européia aumentou anualmente 5% na indústria e 10% na área de serviços.

Para cada 100 novos usuários de banda larga no mundo são criados 8 novos empregos.

Com 10 novas conexões de banda larga a cada grupo de 100 pessoas, os ganhos de produtividade passam dos U$100 bilhões anuais.

Para cada 1% a mais na penetração de banda larga resulta em acréscimo de 0,3% na taxa de empregos anual.

Ou seja, a implantação da banda larga no país não é apenas para que os computadores possam rodar de forma mais rápida videogames e outros programas de diversão, mas significa também melhorias na produtividade dos trabalhadores, aumento da renda e do nível de emprego."

Texto publicado em 1 de novembro de 2011:
http://www.pesquisasenúmeros.com/2011/11/banda-larga-e-o-progresso.html

Cap. II

Celular

24

2) Celular

Você conhece alguém que não tenha celular?

Eu conheço, mas confesso que conto nos dedos as pessoas que não tem celular hoje em dia.

Este aparelhinho se tornou indispensável na rotina diária de todo mundo, antes de sair de casa a maioria pega seus produtos pessoais, como chave de casa, carteira, guarda-chuva e o celular.

No texto a seguir temos alguns números sobre o tamanho desse hábito entre os brasileiros.

2.1) Os brasileiros no celular

"No Brasil tem mais aparelhos celulares que gente, estamos perto de sermos 200 milhões de brasileiros vivendo no pais, enquanto já temos 250 milhões de celulares habilitados no pais.

É importante saber o que o brasileiro faz no celular, ou nos celulares, já que muitos tem mais de um aparelho. Por isso a Yahoo Brasil entrevistou 750 brasileiros para saber dos seus hábitos de internet no celular. Parte da pesquisa foi analisada no blog **MktMais**.

Enquanto temos pouco mais de 80 milhões de brasileiros com acesso a internet somos mais de 45 milhões com tecnologia 3G, ou seja, a maioria dos internautas brasileiros também acessa a internet na palma da sua mão com seu smartphone.

Checam seus emails no telefone 77% dos smartphonautas, enquanto 53% compartilham fotos pelo telefone.

Portanto tudo o que for escrever, publicar ou anunciar na internet tem que considerar a versão para os telefones celulares, que pode ser o primeiro lugar que sua mensagem vai ser vista, e deletada se não estiver carregada de acordo."

Texto publicado em 20 de setembro de 2012
http://www.pesquisasenúmeros.com/2012/09/os-brasileiros-no-celular.html

Cap. III

Loja Física e ou Virtual

28

3) Loja física e ou virtual

Quando surge a idéia de abrir um empreendimento comercial, uma loja, a primeira coisa que vem a mente está no produto a ser colocado à venda, o seu potencial e a capacidade de fornecer ao mercado consumidor. Em segundo lugar está o ponto de venda, aonde abrir a loja, qual o melhor ponto comercial para atrair a clientela esperada.

Geralmente este ponto para a abertura do estabelecimento comercial fica em alguma rua movimentada, shopping center ou qualquer outro ponto físico que possa instalar a loja com os devidos balcões, prateleiras e vitrines.

Depois de instalada a loja física muitos comerciantes avaliam a idéia de colocar a sua loja também na internet, criando uma loja virtual, para captar mais clientes e gerar mais vendas.

Outra opção, que vem surgindo com a internet, é a abertura direta de uma loja virtual, sem precisar existir uma loja física.

A relação existente entre lojas físicas e virtuais foi analisado no texto a seguir, publicado no blog Pesquisas e Números.

3.1) Loja física X Loja virtual

"Temos acompanhado o **crescimento do e-commerce** ano a ano, inclusive com a ampliação das categorias de produtos e serviços disponíveis ao e-consumidor e da parcela das **pequenas e micro empresas** na participação de vendas online.

A maioria das empresas considera importante ter uma loja virtual além das lojas físicas, para incrementar as vendas e manter a sua fatia de mercado. Quem não ficou surpreso com a entrada do Carrefour no e-commerce, quando anunciaram que a rede francesa criaria a sua loja virtual quando todos os seus concorrentes já estavam na internet, a surpresa foi na pergunta: "eles ainda não tinham loja virtual?", demonstrando que as lojas virtuais e físicas podem caminhar juntas, se complementam.

Mas quando as lojas virtuais matam as lojas físicas, o que acontece?

Segundo estudo publicado no **Valor Econômico**, quando as vendas online respondem por 15% das vendas totais duma determinada categoria, as lojas físicas quebram, pelo menos isso tem ocorrido nos Estados Unidos. A Blockbuster quebrou quando as vendas de vídeos online atingiram 17% do mercado.

As vendas totais pela internet estão crescendo a números três vezes maiores que o varejo tradicional.

No Brasil a internet responde por 3% das vendas do varejo total, enquanto na Inglaterra e Estados Unidos essa parcela se situa em torno dos 9%.

O índice de compras pela internet não vai chegar aos 100%, as lojas físicas não vão deixar de existir para transformar o mundo em uma grande rede onde tudo pode ser feito pela internet, mas a internet e o varejo online estão cada vez mais aumentando o seu espaço fazendo com que a concorrência por inovações, seja no e-marketing, nos e-produtos e nos e-serviços esteja cada vez mais acirrada."

Texto publicado em 8 de agosto de 2012
http://www.pesquisasenúmeros.com/2012/08/loja-fisica-x-loja-virtual.html

No dia 7 de dezembro de 2012 o Carrefour decidiu suspender as vendas na sua loja virtual, continua com seu site ativo, mas está reestruturando o seu comércio eletrônico, mostrando que o sucesso da loja física não é necessariamente garantia de sucesso no mundo virtual.

Cap. IV

Vendas pela Internet

34

4) Vendas pela internet

Com o crescimento da internet, que hoje é uma mídia importante para as empresas, a alternativa de oferecer produtos e serviços nesse canal de comunicação foi se tornando realidade.

No blog Pesquisas e Números foram publicados alguns textos, colocados a seguir, sobre o potencial de vendas que a internet tem, o espaço que as pequenas empresas ocupam e um pouco sobre o atendimento e tempo que os internautas esperam e encontram nos sites.

O lado do consumidor de e-commerce, quem é e quais suas ações online, o que o difere do comprador de lojas físicas e também as suas semelhanças também colocamos aqui neste capítulo.

4.1) Vendas pela internet

"No primeiro semestre de 2012 chegamos aos 80 milhões de internautas no Brasil, sendo que quase metade destes fazem compras na internet.

Quais produtos são os mais comprados?

Em 2006, em pesquisa da e-bit publicada na revista **Exame PME** de junho, eram os Cds e DVDs, que respondiam por uma em cada 5 compras, vindo depois os livros, com 16% e os produtos eletrônicos, com 8,5%. Os 3 tipos de produtos mais comprados naquele ano respondiam por 44,5% de todas as vendas pela internet.

Apenas 5 anos mais tarde, em 2011, os produtos eletrônicos mantiveram a terceira posição, com 8%, mas a liderança foi para os eletrodomésticos, com 15%, seguidos por produtos de informática, com 12%. Estas 3 categorias responderam, em 2011, por 35% de todo o comércio eletrônico.

A tendência de crescimento do acesso a internet em nosso país existe, e com esse crescimento também deve aumentar o volume de negócios no comércio eletrônico, diversificando os produtos ofertados online."

Texto publicado em 22 de agosto de 2012:
http://www.pesquisasenúmeros.com/2012/08/vendas-pela-internet.html

4.2) O crescimento do pequeno e-commerce

"O comércio eletrônico cresce a cliques vistos, ano a ano as estatísticas sobre o crescimento das lojas existentes e dos e-consumidores tem crescido.

Comparando os dados publicados na **revista Exame PME** sobre os últimos 3 anos no comércio eletrônico percebe-se que as vendas totais passaram de 14,9 bilhões de reais em 2010 para 18,8 em 2011 e foi de 23,4 bilhões de reais em 2012.

Mas tem um dado nessa estatística que caiu, o do ticket médio, que era de 373 reais em 2010, foi de 350 em 2011 e chegou a 340 reais ano passado, isto sem considerar a inflação nesse período.

A principal causa do aumento do comércio eletrônico com a queda do ticket médio pode ser explicada pela proporção das 50 maiores empresas na participação do comércio eletrônico total, que era de 89% em 2010, caiu para 88% em 2011 e para 87% ano passado.

Este sinal é importante, mostra que as pequenas empresas também tem seu lugar no comércio eletrônico, ganhando mais espaço, mesmo com a facilidade que o e-consumidor tem de visitar lojas virtuais na internet e pesquisar as melhores ofertas."

Texto publicado dia 27 de junho de 2012
http://www.pesquisasenúmeros.com/2012/06/o-crescimento-do-pequeno-e-commerce.html

4.3) Demorou, o cliente vai embora

"Você está procurando algum produto ou serviço na internet e a página demora para carregar, o que você faz?

Para saber a importância da rapidez na internet o Aberdeen Group monitorou 1200 sites e entrevistou 120 usuários em 36 países em 2011. Alguns resultados foram publicados na edição de junho da revista **Exame PME**.

Se a página demorar mais de 3 segundos para aparecer na tela, 57% dos internautas desistem de sequer pesquisar para comprar, sendo que 80% deles ficam pelo menos 6 meses sem aparecer nem buscar essa página novamente.

Cada segundo de demora na página para seu carregamento significa, em média, uma queda de 7% nas vendas e 16% a menos na satisfação do cliente.

A **Amazon** estima que a cada décimo de segundo que suas páginas ficam mais velozes seu faturamento sobe 1%.

No blog **Plantão Online** há números interessantes sobre esse assunto, que foi tema do Fórum nacional de E-commerce, vale a pena acessar e ver os números e o texto.

Nas lojas de ruas e shoppings o cliente passa em frente à loja e pode decidir entrar, ver as vitrines, conhecer a loja e virar cliente. Na internet não há lugar para os clientes "passearem" e encontrarem a loja, quando conseguem visitar a sua loja o grande desafio é fazer com que gostem, que permaneçam mais tempo visitando as várias páginas do site e adicionem o seu site à sua lista de favoritos.

Por isso é fundamental a velocidade em que a página da loja é carregada, para que a 1ª impressão seja realmente marcante, fazendo com que o site e o internauta tenham uma relação mais duradoura."

Texto publicado em 27 de julho de 2011
http://www.pesquisasenúmeros.com/2011/07/de
morou-o-cliente-vai-embora.html

4.4) Consumidor Virtual X Físico

"Qual a diferença entre o consumidor que vai pessoalmente nas lojas e aquele que clica na internet?

O blog **Plantão Online** comenta uma pesquisa sobre esse assunto realizada pela e-bit e Instituto Análise.

Vamos a algumas diferenças:

O orçamento médio do consumidor físico é de R$1.444,52, enquanto o virtual é de R$3.560,79.

66% dos clientes do varejo estão na faixa etária entre 25 e 59 anos, enquanto essa faixa representa 80% dos consumidores virtuais.

Os clientes virtuais pagam com cartão de crédito, enquanto o dinheiro é o meio de pagamento preferido dos clientes das lojas físicas.

O consumidor virtual está se tornando cada vez menos virtual e assumindo maior importância junto ao comércio, que deve se preocupar e prestar mais atenção com esse neoconsumidor"

Texto publicado em 8 de julho de 2010:
http://www.pesquisasenumeros.com/2010/07/consumidor-virtual-x-fisico.html

4.5) O Neoconsumidor

"O "Estudo sobre o Neoconsumidor", realizado pela consultoria Golvêa e Souza, em parceria com a Ebeltoft - Internacional Retail Experts, entrevistou 5500 consumidores com acesso à internet em 11 países, 500 em cada, para traçar o perfil do novo consumidor sobre suas tendências de compras.

As 500 pesquisas no Brasil foram feitas nas cidades de São Paulo, Porto Alegre e Recife.

Entre os 11 países da **pesquisa**, os australianos, com 76%, os britânicos com 74% e os brasileiros com 73% dos internautas são os 3 países onde a internet é mais utilizada na pesquisa de preços na hora de realizar suas compras. Os alemães (25%) são os que menos utilizam a internet para esse fim.

A internet é uma ferramenta utilizada para realizar compras para 92% dos internautas brasileiros, enquanto a média mundial é de 86%. Uma contradição interessante, os australianos são os que mais pesquisam preços na internet, mas os que menos fazem compras online, ao contrário dos alemães, que são quem mais compram pela internet, apesar da pouca pesquisa de preços online.

A loja preferida do consumidor não está na internet, isso desaponta 17% dos noruegueses, enquanto 53% dos brasileiros se aborrecem com esse fato.

Pela PNAD 2008 (Pesquisa Nacional por Amostra de Domicílios), feita pelo **IBGE**, há pelo menos um computador em 31,2% dos domicílios brasileiros, e 23,8% com acesso à internet, houve um crescimento com relação ao ano anterior, que era de 26,5% dos domicílios com computador e 20% com acesso à internet. A tendência é o acesso a computadores e internet se ampliar ainda mais.

Nesse blog já analisamos os números do crescimento do comércio eletrônico. O neoconsumidor está aí, ganhando cada vez mais espaço, com isso surgem neoserviços para atender suas expectativas, um neomercado para ser explorado por quem tiver as melhores neoidéias."

Texto publicado em 25 de setembro de 2009:
http://www.pesquisasenumeros.com/2009/09/o-neoconsumidor.html

Cap. V

As Redes Sociais

5) As Redes sociais

Quer saber a minha opinião?

Essa é uma das frases que as pessoas mais gostam de dizer, todos gostam de dar a sua opinião, mostrar o que estão fazendo e onde vão,

As redes sociais facilitam essa característica humana, fazem com que todos possam se expressar e dar a sua opinião, por isso o sucesso que estão tendo nos dias de hoje na internet.

O blog Pesquisas e Números analisou alguns dados interessantes sobre as redes sociais, nos textos a seguir, como a repercussão do que é colocado, a presença das empresas e também a vida útil de tudo que é compartilhado.

5.1) A repercussão nas redes sociais

"Curtiu? Compartilhou? Retwittou?

Essas são formas de medir a repercussão dos textos e fotos colocados nas redes sociais.

Pesquisa publicada na **Revista Exame PME** consultando 500 participantes da Campus Party levantou os motivos que levam os clientes a se aproximarem mais da empresa, bem como se afastarem definitivamente.

A opinião negativa do consumidor responde por 22,4% entre os principais motivos que afastam o consumidor da empresa, o excesso de mensagens e textos também ajuda a afastar o cliente (11,8%).

Promoções são bem vistas pelos consumidores, respondendo por 31,2% das razões que aproximam o cliente da empresa.

O atendimento também tem sua importância, se for bom, 5% dos clientes sentem-se bem, enquanto se deixar a desejar, 10,8% dizem que poderiam se afastar desta empresa.

As redes sociais, a internet de uma maneira geral, estão cada vez mais presentes na vida das pessoas e das empresas, por isso fica cada vez mais importante saber lidar com as redes sociais. A repercussão é imediata, mas exige ação imediata também."

Texto publicado em 28 de setembro de 2012: http://www.pesquisasenúmeros.com/2012/09/a-repercussao-nas-redes-sociais.html

5.2) As marcas nas redes sociais

"Por que uma empresa entra nas redes sociais?

Para responder a essa pergunta a **RMA Comunicações** fez uma pesquisa em fevereiro com o objetivo de entender a percepção do internauta brasileiro sobre o que torna uma marca útil para a pessoa nas redes sociais.

Dos respondentes do Brasil inteiro, 50% são da geração Y (18 a 29 anos) e 42% da X (30 a 49 anos)

Estão engajados nas redes sociais 81%, sendo que 17% apenas observam o que acontece, enquanto 64% compartilham assuntos e interagem com outros internautas.

O facebook é a rede social preferida de 84%, o twitter tem 12%, o Linkedin 3% e o Orkut apenas 1%.

60% consideram que as marcas são úteis nas redes sociais, sendo que 89% consideram importante a publicação de informações relevantes, 87% a rapidez no atendimento e 85% a prestação de serviços.

Basicamente as empresas que entram nas redes sociais têm que saber interagir com o público, muitas vezes as reclamações do consumidor são resolvidas mais rapidamente pelas redes sociais que pelos tradicionais canais de SAC, pela multiplicação das opiniões publicadas, fazendo com que a interação empresa-consumidor seja mais dinâmica.

Não basta apenas criar uma página, um perfil na rede social, é necessário a interação com o público. As redes sociais são o principal canal de comunicação da empresa com seu público e não mais os serviços de SAC."

Texto publicado em 18 de abril de 2012
http://www.pesquisasenúmeros.com/2012/04/as-marcas-nas-redes-sociais.html

5.3) A vida útil do que você compartilha na internet

"Quanto tempo o que você compartilhou na internet fica no ar?

Para saber essa resposta o site bit.ly fez uma pesquisa para acompanhar o tempo que uma notícia fica no ar depois de compartilhada, considerando para essa análise os 1.000 links mais populares do próprio bit.ly.

No twitter o link fica em média 2 horas e 48 minutos, enquanto no facebook fica mais tempo, 3 horas e 12 minutos. Mas se compartilhar tanto no twitter quanto no facebook o link ganha mais 24 minutos de atenção.

Já no Youtube o link fica 7 horas e 24 minutos no ar, o dobro de tempo que o facebook e o twitter.

Esses números são importantes para quem investe em marketing digital."

Texto publicado em 28 de marco de 2012
http://www.pesquisasenúmeros.com/2012/03/vida-util-do-que-você-compartilha-na.html

52

Cap. VI

O e-marketing

54

6) O e-marketing

Uma loja abre na rua sem avisar ninguém, mas por menos movimentada que esta rua seja deve passar alguma pessoa na frente da loja e começa a tornar a loja conhecida, as pessoas que circulam nessa via passam a ser potenciais compradores e clientes desta loja.

E na internet, você abre uma loja virtual e quem vai "passar na frente" e saber que a loja existe e conhecer os produtos, ou serviços, que vende?

Por isso a publicidade, o marketing, na internet se torna tão importante, não adianta apenas abrir uma loja virtual, registrar o site, é preciso fazer com que os internautas visitem a loja, e comecem a adquirir o que a loja oferece.

Neste capítulo vamos falar sobre o marketing no e-commerce, que não fica restrito apenas na internet, pode utilizar a mídia tradicional também, como a televisão, que está analisada no texto a seguir, publicado no blog Pesquisas e Números.

Neste livro vamos tratar principalmente de formas de mostrar a loja virtual para os potenciais clientes na internet, em canais como o Google, o Youtube, o Linkedin, o Twitter, o Facebook, os comparadores de preços, os emails, links patrocinados em portais e os blogs em geral.

6.1) A publicidade na Tv e a internet

"Vimos aqui que a internet e a televisão são veículos que se complementam em termos de audiência e mídia, não concorrendo entre si pelo mesmo público.

Mas isso representa os programas que passam na Tv, e quanto a publicidade na Tv, quanto ela é compartilhada e gera engajamento dos internautas nas redes sociais?

Para estudar essa ligação entre a publicidade na Tv e o engajamento nas redes sociais, a E.life fez um estudo publicado na Exame, vamos a alguns resultados:

- 50% dos TT, Trending Topics, assuntos mais comentados do Twitter vem da Tv.

- 50% dos internautas assistem Tv enquanto navegam na internet.

- índice de buzz no facebook e twitter sobre as propagandas chegou a 3% do total de mensagens.

- inserções durante as novelas geram maiores resultados, por ser no horário nobre da Tv.

- O aumento no número de tweets vai de 2 a 10 vezes se inserir uma hashtag (#) na campanha televisiva

Ou seja, os programas da Tv, e sua qualidade, influenciam o engajamento do internauta, e se a estratégia de marketing quiser incluir um maior engajamento nas redes sociais basta colocar a hashtag da campanha na Tv.

Única coisa que não se pode fazer é ignorar a ligação existente entre a televisão e a internet quando for planejar a estratégia de marketing, mesmo que não se queira, a publicidade na Tv vai estar presente também na internet."

Texto publicado em 12 de dezembro de 2012
http://www.pesquisasenúmeros.com/2012/12/a-publicidade-na-tv-e-internet.html

6.2) Google ou Facebook, onde anunciar

"Os dois gigantes da internet oferecem serviços diferentes ao internauta, mas duelam pelos anunciantes do e-marketing

O facebook tem 1 trilhão de páginas vistas por mês, enquanto o Google 180 bilhões, mas o faturamento do buscador foi 10 vezes o da rede social em 2011.

A receita do Google vem 96% dos anúncios, enquanto o Facebook obtém 85% através da propaganda.

Vejam a experiência da Melito com essas plataformas.

No primeiro semestre de 2012 parte da verba publicitária da Melito foi dividida em Google Adwords e em anúncios no Facebook.

No Google o gasto foi quase 3 vezes superior ao investido no Facebook, com relatórios sobre número de visitas, vezes que a propaganda foi divulgada e um bom número de estatísticas sobre quem acessou a Melito através destas 2 plataformas.

Mas o que interessa mesmo são as vendas geradas por estes anúncios. Tanto o Facebook quanto o Google trouxeram não apenas visitas, mas compradores e consumidores que compraram na loja, os investimentos geraram as vendas correspondentes, o triplo de investimento no Google gerou 3 vezes mais vendas, comparado ao Facebook. Mas não sei se a Melito investir o mesmo valor no Facebook e no Google o retorno será o mesmo.

Para quem não conhece a Melito, sugiro pesquisar a página no Facebook, ou buscar "melito" no google, e veja se aparece a loja www.melito.com.br por lá.

Vamos ver qual das plataformas traz mais resultado, em qual delas vai aparecer a Melito na sua pesquisa.

A única certeza é que não dá para deixar de anunciar em nenhuma destas 2 plataformas."

Texto publicado em 25 de julho de 2012
http://www.pesquisasenúmeros.com/2012/07/googleoufacebook.html

6.3) Google

Para anunciar no Google você vai no Google Adwords, que são os links patrocinados nas pesquisas que você faz no buscador e alguns anúncios que aparecem em outros sites e blogs.

A seguir vemos o exemplo de como aparece um anúncio da Melito para a palavra pesquisada "aparelho de choque" no Google.

O Google Adwords funciona como um canal de mídia normal, dependendo do produto ou serviço que você quer fazer a propaganda tem um custo mais baixo, ou mais alto, pois depende da audiência e do público que se pretende atingir.

Funciona da mesma forma de pagamento que um celular pré-pago, você coloca os créditos na conta e a medida que vão clicando nos seus anúncios seu saldo vai diminuindo. Você paga por CPC (Custo por Clique), a cada vez que seu anúncio é visualizado no Google e alguém clica nele, esse internauta será direcionado ao seu site ao mesmo tempo que é descontado um valor do seu saldo.

Vamos ver os passos para você anunciar no Google Adwords.

Criando um anúncio:

Para configurar o seu anúncio primeiro vamos escolher onde ele pode ser exibido, como computadores, laptops e celulares, o local, no nosso exemplo colocamos uma cidade, Curitiba (o próprio sistema informa quantas pessoas podem ser alcançadas), definimos o orçamento desta campanha e vamos à criação da peça publicitária.

Você precisa criar o título, e duas linhas definindo o que você quer anunciar, junto com a url, com o link, que vai aparecer neste anúncio, depois aparece a opção "URL do anúncio", neste lugar você coloca a página da internet que irá direcionar para os produtos ou serviços, oferecidos no anúncio.

Neste caso estamos anunciando dentistas na cidade de Curitiba, através do site Triclick, desta forma o texto ficou:"Dentistas em Curitiba. Ótimos dentistas em Curitiba. Conheça e Consulte a Triclick. www.triclick.com.br", mas ao clicar a pessoa é direcionada à página do site que corresponde a dentistas.

O Google Adwords lhe oferece a opção de criar anúncios com imagens, como vemos a seguir no exemplo de uma propaganda sugerida pelo próprio sistema, usando o site TriClick, que podem aparecer em páginas de pesquisas do Google ou em parceiros, como blogs, portais e outros sites, como iremos ver mais adiante neste livro.

As pessoas vão ver o seu anúncio quando colocarem alguma das palavras-chave que você vai definir na campanha, que é o próximo passo.

Ideias de palavras-chave (60)

Campanhas on-line > Melito cosméticos >
Grupo de anúncios:Melito cosméticos

Analise essas ideias de palavras-chave e o possível impacto delas. Para adicioná-las diretamente a esse grupo de anúncios, selecione as palavras-chave desejadas e clique no botão 'Aplicar agora'.

Pra você estar sempre bem
www.melito.com.br
Perfumes, cremes e cosméticos
Entregues na porta de sua casa

Ativado Anúncios de texto (1 de 15)

Configurações de palavra-chave   Usar CPC e URL padrão ▼   Mostrar configurações

Palavra-chave	Estimativa de pesquisas mensais	Concorrência	Grupo de anúncios
ofertas de perfumes	880		Melito cosméticos > Melito cosméticos
nina ricci perfume	4.400		Melito cosméticos > Melito cosméticos
perfume gabriela sabatini	8.100		Melito cosméticos > Melito cosméticos
miniaturas de perfumes importados	1.600		Melito cosméticos > Melito cosméticos
precio de perfumes	390		Melito cosméticos > Melito cosméticos
precios de perfumes importados	< 10		Melito cosméticos > Melito

As palavras-chave você mesmo pode escolher e colocar, além disso o próprio Google lhe oferece algumas idéias também, conforme vemos acima, juntamente com o volume de pesquisa destas palavras, você pode aceitar ou não essas sugestões.

Mas tem palavras-chave que você sabe que trazem visitas ao site mas dificilmente irão trazer vendas, pois a pessoa pode estar procurando por serviços que são ligados aos seus produtos e que dificilmente os comprarão, nesse caso o Google Adwords permite que você crie palavras-chave negativas, que fazem com que quando alguém colocar essa palavra na pesquisa do Google não aparecer nenhum anúncio seu, ou seja, você não paga por cliques que dificilmente trazem vendas. Como podemos ver no relatório a seguir.

↑Palavra-chave negativa	Campanha	Grupo de anúncios
[acelera ae no tablatura baixo]	Melito musical	Contra baixo
acorde	Melito musical	Guitarras
acorde	Melito musical	Contra baixo
acorde	Melito musical	Cavaquinho
acorde	Melito musical	Violão
acordes	Melito musical	Guitarras
acordes	Melito musical	Contra baixo
acordes	Melito musical	Cavaquinho
acordes	Melito musical	Violão

Nesse exemplo, a Melito vende instrumentos musicais, dificilmente alguém que está procurando por acordes de Guitarras irá comprar uma Guitarra, geralmente esta pessoa já tem uma guitarra e está buscando acordes para ela, por isso a palavra "acordes" foi adicionada como negativa.

Pronto, seu anúncio foi criado, agora é acompanhar a sua performance.

No Google Adwords você tem relatórios sobre o desempenho de suas campanhas, como pode conferir se suas palavras-chave estão trazendo o retorno esperado, conforme vemos a seguir.

Palavra-chave	Campanha	Grupo de anúncios	Status	CPC máx.	Cliques	Impr.	CTR	CPC médio	Custo	Pos. méd.
Total - de toda a conta					1.098	210.075	0,52%	R$0,12	R$137,11	6,4
aparelho de choque	Melito segurança	Segurança eletrônica	Qualificada	automático: R$0,17	60	3.452	1,74%	R$0,13	R$7,77	5,1
quadriciclos	Veículos motorizados Melito	Veículos motorizados	Qualificada	automático: R$0,08	35	3.518	0,99%	R$0,08	R$2,65	7,8
cavaquinho	Melito musical	Cavaquinho	Qualificada	automático: R$0,06 (melhorado)	34	4.076	0,83%	R$0,07	R$2,47	5,6
quadriciclo	Veículos motorizados Melito	Veículos motorizados	Qualificada	automático: R$0,08	25	3.391	0,74%	R$0,10	R$2,43	6,8
skate motorizado	Veículos motorizados Melito	Veículos motorizados	Qualificada	automático: R$0,08	25	2.426	1,03%	R$0,09	R$2,34	7,3
bicicleta	Melito esporte	Melito esporte	Qualificada	automático: R$0,10	23	3.336	0,69%	R$0,22	R$5,03	5,6
cosméticos	Melito cosméticos	Melito cosméticos	Qualificada	automático: R$0,08	16	1.438	1,11%	R$0,25	R$4,02	6,1
skate eletrico	Veículos motorizados Melito	Veículos motorizados	Qualificada	automático: R$0,08	13	1.990	0,65%	R$0,08	R$1,04	9
contrabaixo	Melito musical	Contra baixo	Qualificada	automático: R$0,06 (melhorado)	10	3.449	0,29%	R$0,08	R$0,81	7,2
maquina de choque	Melito segurança	Segurança eletrônica	Qualificada	automático: R$0,17	9	446	2,02%	R$0,12	R$1,11	5
aparelhos de choque	Melito segurança	Segurança eletrônica	Qualificada	automático: R$0,17	8	235	3,40%	R$0,13	R$1,07	5,5
fight shorts	Melito	Bermudas MMA	Qualificada	automático: R$0,08 (melhorado)	7	162	4,32%	R$0,07	R$0,49	7,7
chanel 5	Melito	Perfumes Chanel	Qualificada	automático: R$0,08 (melhorado)	7	1.722	0,41%	R$0,09	R$0,61	7
guitarra ibanez	Melito musical	Guitarras	Qualificada	automático: R$0,06 (melhorado)	6	1.340	0,45%	R$0,06	R$0,36	8,7
contra baixo cort	Melito musical	Contra baixo	Qualificada	automático: R$0,06 (melhorado)	6	351	1,71%	R$0,06	R$0,38	6,2
Relógio feminino	Melito	Relógio feminino	Qualificada	automático: R$0,08 (melhorado)	6	628	0,96%	R$0,12	R$0,75	9,1

Neste relatório podemos ver as palavras-chave com melhor retorno, como o valor do CPC que está sendo descontado a cada vez que alguém clica nela, a relação entre a quantidade de vezes que o anúncio aparece quando esta palavra é pesquisada, bem como seu custo e a posição média que ela aparece nas pesquisas do Google.

O próprio Google Adwords lhe oferece relatórios sobre o andamento de suas campanhas, para você analisar e fazer as correções que achar pertinentes dentro da sua estratégia de marketing.

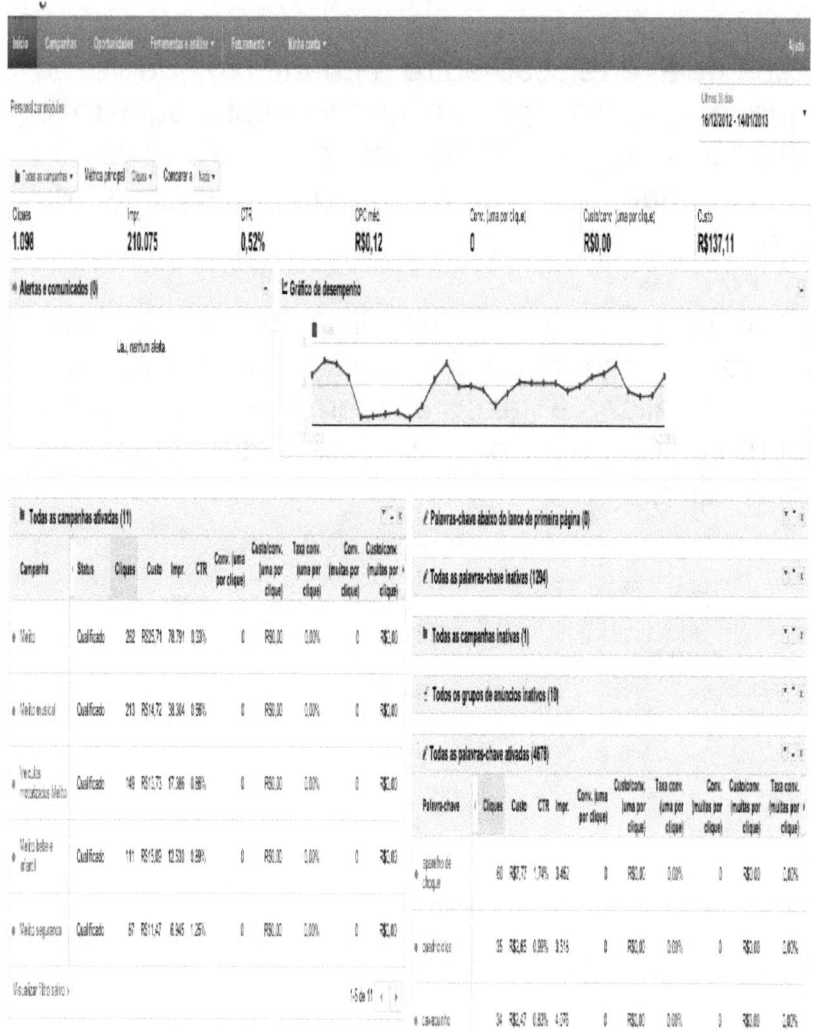

Neste relatório você monitora as suas palavras-chave, as suas campanhas, conforme as visitas, cliques e valores que você investe nesta mídia, fazendo as devidas correções e alterações na campanha para melhorar a perfomance.

Você também pode fazer anúncios no Youtube através do próprio Google Adwords, usando as mesmas regras e métricas, basta ir a seção Campanhas, do lado esquerdo você vai encontrar a opção "Todas as Campanhas em Vídeo" e seguir os mesmos passos das campanhas mostradas até agora.

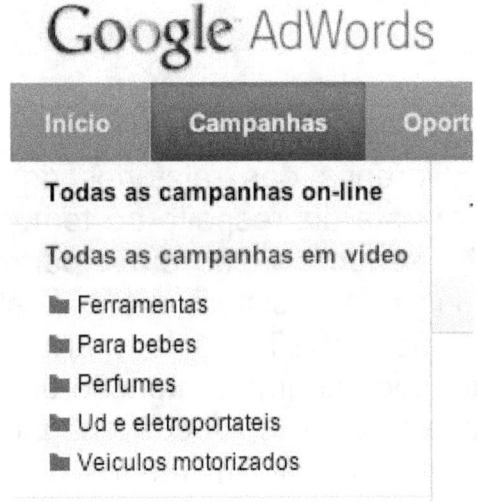

Depois de seguir os mesmos passos de criação de uma campanha como vimos nessa parte sobre o Google Adwords, o relatório a seguir mostra a performance de cada uma das campanhas de vídeo.

Campanha	Status	Orçamento	Impressões	Visualizações	CPV méd.	Custo total	Cliques para o site	Vídeo reproduzido até:			
								25%	50%	75%	100%
Ferramentas	Veiculação	R$5,00/dia	23	8	R$0,06	R$0,46	0	91%	43%	35%	35%
Para bebês	Veiculação	R$5,00/dia	1.272	6	R$0,05	R$0,32	0	83%	67%	50%	150%
Perfumes	Veiculação	R$5,00/dia	34	7	R$0,07	R$0,49	1	86%	32%	32%	21%
Uti e eletroportáteis	Veiculação	R$5,00/dia	43	15	R$0,03	R$0,51	1	86%	45%	39%	34%
Veículos motorizados	Veiculação	R$5,00/dia	43	9	R$0,05	R$0,49	1	65%	29%	28%	21%
Total: todas, exceto campanhas em vídeo excluídas			1.415	45	R$0,05	R$2,27	3	77%	39%	34%	32%
Total - todas as campanhas em vídeo		R$25,00/dia	1.415	45	R$0,05	R$2,27	3	77%	39%	34%	32%

A principal diferença dos relatórios do Google Adwords para este diz respeito ao tempo que o vídeo é visto, sendo dividido em 4 partes, para ver se as pessoas assistem até o final, 75%, 50% ou menos de 25% dele, para saber o quanto deste vídeo chama a atenção do público. No nosso exemplo os 5 vídeos chegam a ser reproduzidos até o final em menos de 1/3 das vezes, ou seja, há necessidade de alteração na campanha, seja na duração dos vídeos, no formato ou no próprio conteúdo para que a campanha seja mais eficiente.

No Orkut há um quadro, geralmente à direita do perfil do usuário, onde aparecem alguns anúncios do Google Adwords, ou seja, através do Google você também pode anunciar no Orkut.

6.4) Linkedin

O Linkedin é uma rede social profissional, ou seja, é o local onde os profissionais se relacionam, onde o usuário coloca o seu perfil profissional e currículo. Para se relacionar no Linkedin você precisa que a outra pessoa aceite o seu convite para poder fazer parte do networking dela nesta rede social.

Como uma rede social o Linkedin também tem opções de propaganda, de divulgar produtos e serviços para os usuários que obrigatoriamente não estejam conectados à alguma conta específica.

Vamos mostrar aqui como criar um anúncio, primeiro clique na opção "Go To Linkedin Ads", como vimos na figura a seguir.

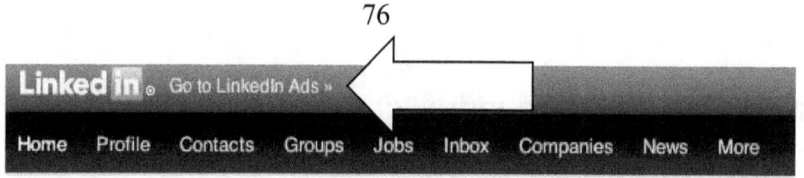

Vamos começar a criação do nosso anúncio, mostrando um exemplo da Melito na conta pessoal do Romeu em 2012.

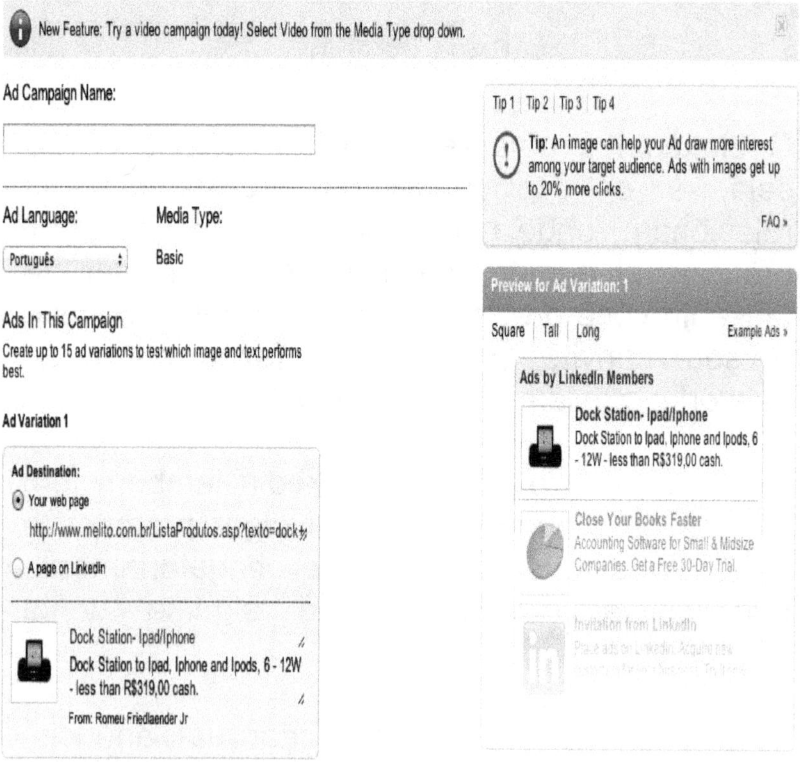

Na época de criação deste anúncio, em maio de 2012, o Linkedin permitia apenas na língua inglesa, por isso o texto está em inglês. A formatação do anúncio segue a mesma linha que outras mídias, com a possibilidade de inclusão de uma imagem ao lado do texto.

Agora a opção para você definir o público que pretende atingir com este anúncio.

Linked in ® Ads

Dock Station para Ipad etc

General	Off Turn On
Name:	Dock Station para Ipad etc Edit
Language:	English
Media Type:	Basic
Rotate Ad Variations:	Optimize Click Through Rate Edit
Collect Leads:	No Edit Learn More
Target Audience	1,779,592 LinkedIn Members Change
Age:	25-34
	35-54
Geography:	Brazil
Budget/Bid	Change
Show:	Continuously
Daily Budget:	10.00 USD
Bid Type:	Pay Per Click
Maximum Bid:	2.01 USD per Click (CPC)

No nosso exemplo estávamos divulgando para os brasileiros com idades entre 25 e 54 anos, que ultrapassavam 1,7 milhões de pessoas nessa rede, definimos o orçamento total, o investimento diário, sistema que vamos pagar (novamente optamos pelo Custo por Clique – CPC) e a duração desta campanha.

O acompanhamento pode ser constante, analisando os resultados na tabela a seguir.

Ad Variations

Ad	Status	Clicks	Impressions	CTR	Avg. CPC	Total Spent
Dock Station- Ipad/Iphone Dock Station to Ipad, Iphone and Ipods, 6 - 12W - less than R$319,00 cash. From: Romeu Friedlaender Jr Go To URL: http://www.melito.com.br/ListaProdutos.asp?texto=doc	Active Deactivate Hide	10	37,660	0.027%	2.01 USD	20.05 USD

Neste relatório conseguimos analisar o número de vezes que este anúncio apareceu (37.660), bem como o seu retorno, com a quantidade de cliques que obteve, neste exemplo os 0,027% significa que a cada 3.766 pessoas que visualizaram este anúncio uma clicava nele e era direcionada ao produto anunciado.

Os anúncios no Linkedin são recentes, agora já é possível criar anúncios em português e inserir vídeos também, para ilustrar e melhorar a performance da campanha.

Como uma rede social, é mais uma mídia a ser analisada e pensada quando da elaboração de estratégias de marketing.

6.5) Twitter

O Twitter é uma rede social com o limite de 140 caracteres por mensagem. Outra peculiaridade é que não existem amigos, mas seguidores de perfis, pois as pessoas podem seguir as outras sem precisar pedir permissão ou convite de amizade. O texto do twitter é chamado de tweet e seu usuário de twitteiro.

O perfil de quem usa o twitter foi analisado em texto no blog Pesquisas e Números a seguir:

"No Pesquisas e Números já havíamos visto o perfil do twittador nos Estados Unidos, onde a maioria era de mulheres, twittando sobre assuntos pontuais e conversas.

Outra pesquisa sobre quem twitta foi feita pela empresa Beevolve, estudando mais de 36 milhões de perfis no mundo todo, publicada no **MKTmais**.

A maioria dos twitteiros é twitteira, mulher, fala inglês e usa Iphone. Elas falam sobre moda e família, usando o roxo como cor de fundo. Os homens twittam sobre esporte e tecnologia, usando tons escuros no seu background.

Outro dado interessante que esta pesquisa traz diz respeito a popularidade, onde 25% dos twitteiros nunca twittaram, estão lá apenas para ler, 81% possuem menos de 50 seguidores e a média dos seguidores ficou em 208 perfis.

O que a pesquisa nos informa é que sempre tem alguém que lê e te segue, mesmo que não pareça, portanto você não esta sozinho no twitter."

Texto publicado em 5 de dezembro de 2012:
http://www.pesquisasenumeros.com/2012/12/quem-twitta.html

Como o twitter ainda não tem espaço para colocação de banners a propaganda acaba sendo o próprio tweet de pessoas influentes, que têm grande número de seguidores. Vamos utilizar a minha conta pessoal como exemplo, com mais de 4 mil seguidores, os textos que eu fizer, meus tweets, serão lidos pelos 4 mil que estiverem conectados no momento, se forem 20% são 800 leitores que meu tweet atinge.

Uma das formas de fazer propaganda no twitter é através de tweets pagos, que acaba sendo praticamente a mesma coisa que "matéria paga" nas mídias tradicionais. A Boo-box é uma empresa que faz esse tipo de serviço, tem cadastro de alguns usuários do Twitter que deixam suas contas para que a Boo-box coloque "tweets pagos" nesses perfis.

Vamos ver como isso funciona, o primeiro passo é a definição do planejamento da campanha, com o orçamento e a duração da peça publicitária, como vemos a seguir.

Neste exemplo vamos investir R$100 durante 10 dias, o que trará 333 visitas ao site, ao link que está sendo divulgado, ou seja, 33 novas visitas por dia.

Agora definimos a peça publicitária, os textos que vamos colocar e para qual site esse texto direcionará os cliques.

URL de destino:

[   ]

Cada anúncio que publicarmos no Twitter precisa divulgar uma página na Web. Pode ser o endereço de seu site, a página de um produto em seu e-commerce, seu blog, sua Fan Page no Facebook ou qualquer outro endereço da Web (URL).

Textos dos tweets:

Tweet: [Post que deseja divulgar no Twitter]

Tweet: [Post que deseja divulgar no Twitter]

Tweet: [Post que deseja divulgar no Twitter]

Tweet: [Post que deseja divulgar no Twitter]

Tweet: [Post que deseja divulgar no Twitter]

Escreva os posts que deseja divulgar no Twitter. Por ser uma campanha de CPC (Custo Por Clique), não é permitido divulgar usuários de Twitter (@username) nem números de telefone, também não é permitido expressar opinião em primeira pessoa, por exemplo: "eu gosto", "eu comprei", mas você pode sugerir ações, como "confira esta novidade", "compre hoje". **Para otimizar seu investimento, os textos dos seus tweets devem incentivar o clique no link.** Escreva mensagens com até 95 caracteres, o sistema da boo-box vai adicionar automaticamente no seu tweet a hashtag *#ad*, que sinaliza um post patrocinado.

Para cada campanha é permitido criar 5 textos que direcionam ao mesmo site, considerando as condições listadas no quadro, como não divulgar nomes pessoais, números de telefones e a forma de escrever o texto, de maneira impessoal, conforme algumas dicas que a própria equipe da agência sugere.

6.6) Facebook

O facebook tem mais de 65 milhões de usuários no Brasil, portanto é uma mídia que pode atingir esse público todo e deve ser considerada na hora de mostrar o seu produto.

O facebook permite que você coloque anúncios pagos, que vão aparecer nas páginas das pessoas que fazem parte do público que você quer que vejam a sua mensagem.

Para explicarmos como anunciar no facebook é importante explicar as diferenças da página de perfil pessoal das fanpages existentes no facebook.

A página do perfil pessoal permite que você envie convites para seus amigos, que serão os seus "faceamigos", que precisam aceitar o convite para poderem estar relacionados com você e poder lhe acompanhar, com limite de 5 mil amigos dentro de sua rede social. Na página do perfil pessoal eu sou o Romeu.

A fanpage é uma página que pertence a um perfil pessoal, e qualquer pessoa pode curtir essa fanpage, independente de ser aprovada para ser amiga ou não, além de não ter limite de curtidores. No nosso exemplo a Melito é uma fanpage do Romeu, onde vamos mostrar como criar um anúncio.

Primeiro passo, após a criação da fanpage, é buscar o gerenciador de anúncios, geralmente está abaixo dos favoritos, mas se não encontrar busque por "anúncios" que você encontra e clica para começar a criar o seu.

O seu anúncio basicamente vai tentar buscar mais pessoas que curtam a sua fanpage ou promover alguma publicação sobre produto ou serviço que você oferece, como vemos a seguir.

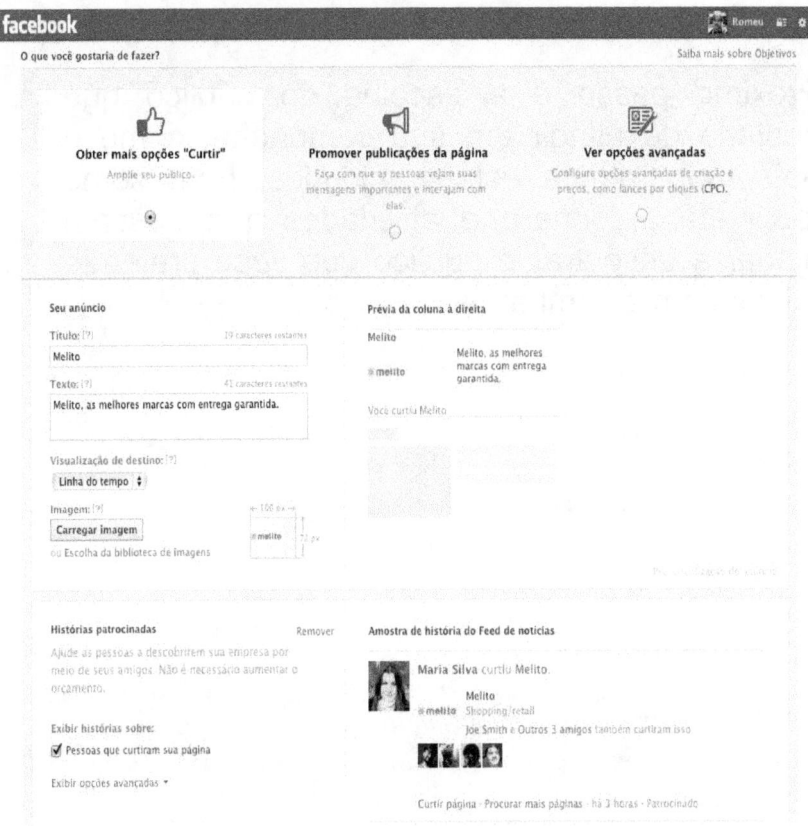

Escolhemos nesse caso a alternativa para obter mais opções "curtir" para a Melito, nessa parte você pode escrever melhor o seu anúncio, sempre visualizando uma idéia de como ele vai ficar, se você prefere como anúncio na coluna à direita ou como história patrocinada, que aparece no feed de notícias do seu público, ou pode optar por manter em ambos os espaços.

Próximo passo é a escolha do público que gostaria de atingir em sua campanha, como o país todo, algum estado, cidades, bem como faixa etária, gênero e atividades que possam ajudar a encontrar o público que você pretende atingir com a campanha.

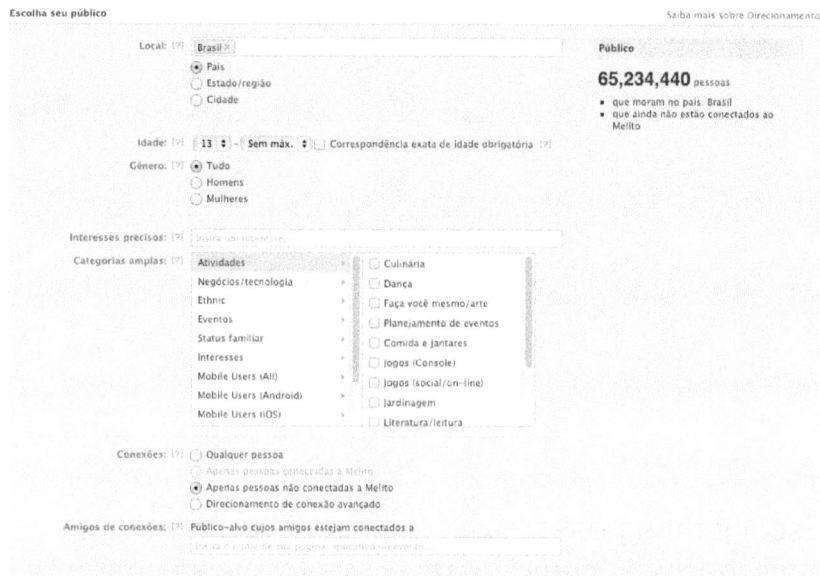

Depois de elaborado o anúncio, definido o público a ser atingido vamos a etapa final, que é o orçamento que você vai destinar para esta campanha e o tempo em que ela vai ficar ativa, como vemos a seguir.

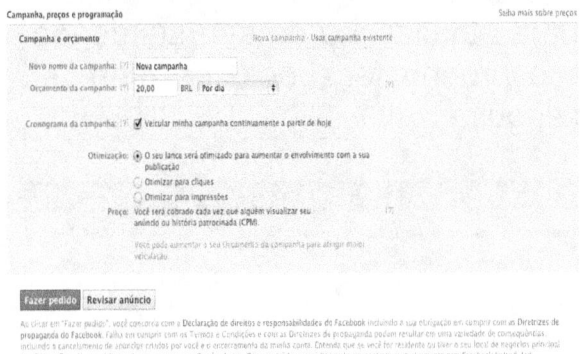

Pronto, agora basta dar a última olhada no anúncio para ver se ficou da maneira que esperava e esperar os resultados do e-marketing no facebook.

Outra opção mais direta, que pode ser usada inclusive pela sua página pessoal, é a promoção específica de uma atualização do seu status, do seu texto, que o próprio facebook lhe oferece, como vemos a seguir.

Neste exemplo a publicação custaria R$3,62 e seria mostrada com destaque nas páginas dos seus amigos pelo período que você determinar. Seria exatamente a mesma coisa que uma "matéria paga" na mídia tradicional.

6.7) Comparadores de preços

Uma das primeiras fontes de pesquisa para saber aonde tem e qual o preço do produto que o cliente está buscando é um comparador de preços.

A pessoa digita o produto que está querendo e a procura do comparador oferece as lojas, preços, detalhes e comentários sobre este produto para o consumidor, conforme vemos o exemplo de pesquisa do celular Samsung Galaxy SIII no KuantoKusta.

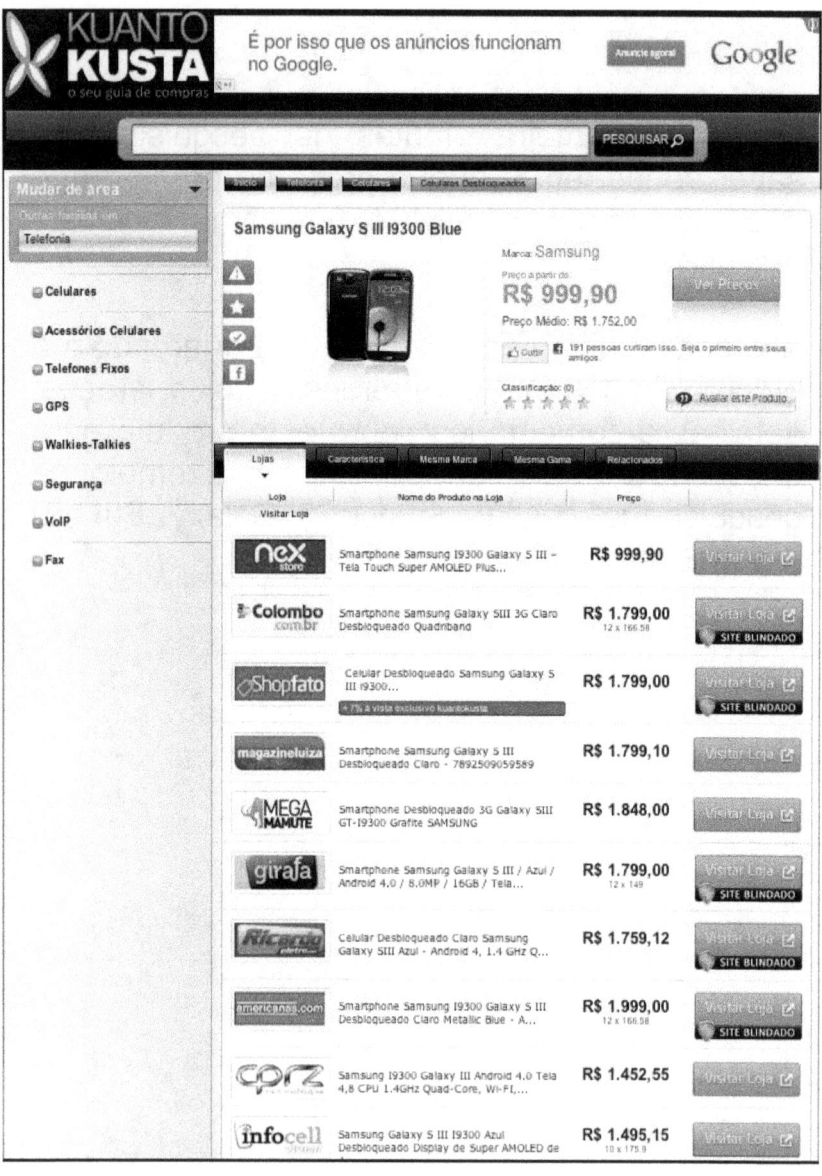

Para o consumidor este serviço é gratuito, não custa nada, mas as lojas pagam para poder ter seus produtos expostos e comparados. Na maioria dos comparadores o pagamento segue o mesmo sistema do Google Adwords, você coloca um crédito inicial e na medida que os consumidores vão clicando nos produtos da sua loja o valor relativo ao CPC é descontado da sua conta.

Na página anterior vemos o que aparece assim que pesquisamos o Samsung Galaxy SIII no KuantoKusta, parece que não tem lógica a ordem que aparecem os produtos e lojas na lista. Mas vamos ver o que acontece quando optamos por clicar na opção "preço", agora a ordem está exatamente conforme as lojas que oferecem aquele produto com o menor preço que aparecem na frente, como vemos a seguir. Na página anterior a Melito nem aparece na lista com 10 lojas.

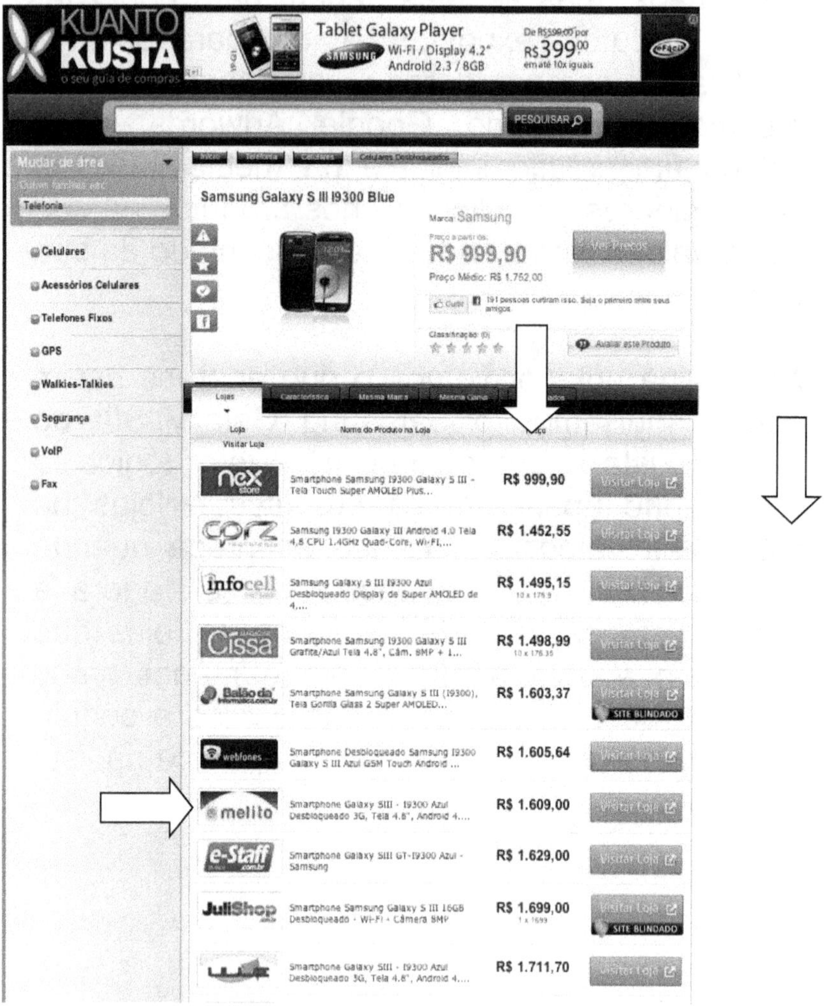
KUANTO KUSTA
o seu guia de compras
Tablet Galaxy Player
Wi-Fi / Display 4.2"
Android 2.3 / 8GB
R$399,00
em até 10x iguais
PESQUISAR
Mudar de área
Telefonia
Celulares
Acessórios Celulares
Telefones Fixos
GPS
Walkies-Talkies
Segurança
VoIP
Fax
Samsung Galaxy S III I9300 Blue
Marca: Samsung
R$ 999,90
Preço Médio: R$ 1.752,00
Ver Preços
Avaliar este Produto
Lojas
Loja
Nome do Produto na Loja
Visitar Loja
Smartphone Samsung I9300 Galaxy S III - Tela Touch Super AMOLED Plus...
R$ 999,90
Samsung I9300 Galaxy III Android 4.0 Tela 4,8 CPU 1.4GHz Quad-Core, Wi-Fi,...
R$ 1.452,55
infocell
Samsung Galaxy S III I9300 Azul Desbloqueado Display de Super AMOLED de 4,...
R$ 1.495,15
Cissa
Smartphone Samsung I9300 Galaxy S III Grafite/Azul Tela 4.8", Câm. 8MP + 1...
R$ 1.498,99
Smartphone Samsung Galaxy S III (I9300), Tela Gorilla Glass 2 Super AMOLED...
R$ 1.603,37
SITE BLINDADO
webfones
Smartphone Desbloqueado Samsung I9300 Galaxy S III Azul GSM Touch Android ...
R$ 1.605,64
melito
Smartphone Galaxy SIII - I9300 Azul Desbloqueado 3G, Tela 4.8", Android 4....
R$ 1.609,00
e-Staff
Smartphone Galaxy SIII GT-I9300 Azul - Samsung
R$ 1.629,00
JuliShop
Smartphone Samsung Galaxy S III 16GB Desbloqueado - Wi-Fi - Câmera 8MP
R$ 1.699,00
SITE BLINDADO
Smartphone Galaxy SIII - I9300 Azul Desbloqueado 3G, Tela 4.8", Android 4....
R$ 1.711,70

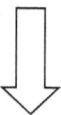

Isto acontece porque a posição no comparador de preços pode ser paga, geralmente quem aparece na primeira pesquisa no topo da lista está pagando mais pelo CPC. Você pode controlar quanto vai pagar o clique para cada categoria de produtos, conforme planilha do Shopping UOL mostrada a seguir.

CPC por categoria

Todas as categorias ▼ [Buscar]

CATEGORIA (OFERTAS)		MAIOR CPC	SEU CPC		CPC MÍNIMO
⊞ Alimentos e Bebidas (0)	Ranking	R$ 2,00	R$ 0,05	Diferenciar	R$ 0,05
⊟ Arte e Antiguidades (0)	Ranking	R$ 0,35	R$ 0,05	Diferenciar	R$ 0,05
Acessórios para Artesanato (0)	Ranking	R$ 0,10	R$ 0,05	Diferenciar	R$ 0,05
Aquarela (0)	Ranking	R$ 0,30	R$ 0,05	Diferenciar	R$ 0,05
Artesanato (0)	Ranking	R$ 0,35	R$ 0,05	Diferenciar	R$ 0,05
Cavalete (0)	Ranking	R$ 0,05	R$ 0,05	Diferenciar	R$ 0,05
Escultura (0)	Ranking	R$ 0,05	R$ 0,05	Diferenciar	R$ 0,05
Gravura, Fotografia e Pintura (0)	Ranking	R$ 0,30	R$ 0,05	Diferenciar	R$ 0,05
Livro Usado (0)	Ranking	R$ 0,05	R$ 0,05	Diferenciar	R$ 0,05
Matéria Prima para Artesanato (0)	Ranking	R$ 0,05	R$ 0,05	Diferenciar	R$ 0,05
Outros Artigos de Arte e Antiguidades (0)	Ranking	R$ 0,05	R$ 0,05	Diferenciar	R$ 0,05
Pincel para Pintura (0)	Ranking	R$ 0,05	R$ 0,05	Diferenciar	R$ 0,05
Pôster (0)	Ranking	R$ 0,30	R$ 0,05	Diferenciar	R$ 0,05
Tela para Pintura (0)	Ranking	R$ 0,05	R$ 0,05	Diferenciar	R$ 0,05
Tinta, Solvente e Verniz (0)	Ranking	R$ 0,05	R$ 0,05	Diferenciar	R$ 0,05
⊞ Artigos Religiosos (0)	Ranking	R$ 0,30	R$ 0,05	Diferenciar	R$ 0,05
⊞ Automóveis e Veículos (0)	Ranking	R$ 5,00	R$ 0,10	Diferenciar	R$ 0,10
⊞ Bebês e Crianças (0)	Ranking	R$ 1,10	R$ 0,20	Diferenciar	R$ 0,20
Blu Ray (0)	Ranking	R$ 0,32	R$ 0,30	Diferenciar	R$ 0,30
⊞ Brinquedos (0)	Ranking	R$ 0,56	R$ 0,20	Diferenciar	R$ 0,20
CDs (0)	Ranking	R$ 0,36	R$ 0,01	Diferenciar	R$ 0,01
⊞ Cama, Mesa e Banho (0)	Ranking	R$ 0,43	R$ 0,15	Diferenciar	R$ 0,15
⊞ Casa, Construção e Jardim (0)	Ranking	R$ 0,93	R$ 0,30	Diferenciar	R$ 0,30
⊞ Cine e Foto (0)	Ranking	R$ 1,09	R$ 0,15	Diferenciar	R$ 0,15
⊞ Colecionáveis (0)	Ranking	R$ 0,50	R$ 0,15	Diferenciar	R$ 0,15
DVDs (0)	Ranking	R$ 0,54	R$ 0,01	Diferenciar	R$ 0,01
⊞ Descontos coletivos (0)	Ranking	R$ 0,49	R$ 0,40	Diferenciar	R$ 0,40
⊞ Eletrodomésticos (0)	Ranking	R$ 1,54	R$ 0,50	Diferenciar	R$ 0,50
⊞ Eletrônicos (0)	Ranking	R$ 1,86	R$ 0,20	Diferenciar	R$ 0,20
⊞ Especiais (0)	Ranking	R$ 100,00	R$ 0,30	Diferenciar	R$ 0,30
⊞ Especiais ShoppingUOL (0)	Ranking	R$ 100,00	R$ 0,10	Diferenciar	R$ 0,10
⊞ Esporte e Lazer (0)	Ranking	R$ 1,01	R$ 0,20	Diferenciar	R$ 0,20
⊞ Flores e Cestas (0)	Ranking	R$ 0,50	R$ 0,40	Diferenciar	R$ 0,40

Nesta planilha você sabe quanto está pagando pelo clique e quanto está pagando a loja que aparece no topo da pesquisa daquela categoria, com isso você pode aumentar o valor pago por clique para aparecer melhor colocado e tentar melhorar a sua performance.

Os comparadores de preços oferecem planilhas e relatórios que mostram como está indo a campanha, vamos ver alguns relatórios encontrados no Zoom para o mês de dezembro da Melito.

Data	Cliques	CPC Médio	Investimento	Investimento Acumulado
05/12/2012	334	0,28	93,33	93,33
11/12/2012	516	0,28	144,45	237,78
12/12/2012	23	0,24	5,4	243,18
13/12/2012	567	0,31	175,11	418,29
14/12/2012	18	0,38	6,8	425,09
18/12/2012	266	0,31	82,99	508,08
19/12/2012	295	0,28	83,83	591,91
21/12/2012	1	0,5	0,5	592,41
Total	2020	0,29	592,41	592,41

Neste relatório é possível ver a quantidade de cliques nos dias em que a campanha esteve no ar, e o valor médio dos CPCs que foram pagos.

Na planilha a seguir vemos a divisão dos cliques nas categorias de produtos durante o ano de 2012 no Kelkoo.

Categorias ano de 2012	dez.	nov.	out.	set.	ago.	jul.	jun.	mai.	abr.	mar.	fev.	Total	Porcent.
TV LCD e LED	25	59	45	254	69	5	66	44	109	101	96	873	12,90%
Impressora Multifuncional	13	38	37	38	62	14	15	94	199	212	82	804	11,88%
Notebook	44	96	53	23	45	6	76	101	73	118	116	751	11,09%
Tablet PC	44	82	44	61	44	8	19	12	211	145	35	705	10,41%
Motos e Scooters	11	21	58	47	165	5	68	40	38	37	0	490	7,24%
Carrinhos e Cadeiras para Carro	9	32	58	23	39	31	123	28	48	46	0	437	6,45%
Celulares Desbloqueados	0	0	0	0	0	0	0	0	0	157	155	312	4,61%
BluRay e DVD Player	4	13	13	5	201	2	13	16	5	10	8	290	4,28%
Monitor	8	16	29	20	28	24	11	23	53	35	39	286	4,22%
Som Automotivo	14	31	22	16	25	3	11	17	67	38	30	274	4,05%
Impressora	3	32	11	10	24	2	6	10	58	65	32	253	3,74%
GPS	3	19	39	20	33	6	4	17	7	21	16	185	2,73%
Projetor de Vídeo	2	1	6	2	1	4	1	33	28	33	33	144	2,13%
Rádio e CD Portátil	3	16	12	19	25	2	24	3	10	5	13	132	1,95%
MP3 e MP4 Player	4	6	7	8	6	2	10	6	14	2	4	69	1,02%
Scanner	2	6	4	4	5	1	4	10	8	12	6	62	0,92%
Teclado	1	2	3	0	0	1	7	8	3	9	24	58	0,86%
Accessórios para Notebook	2	5	10	14	3	1	2	4	12	2	0	55	0,81%
Outros Periféricos de Computadores	1	1	5	0	4	0	0	3	0	8	30	52	0,77%
Caixa de Som para PC	0	2	2	9	1	2	21	12	2	0	0	51	0,75%
Acessórios para MP3	4	28	6	1	3	2	2	1	0	0	0	47	0,69%
Redes para Computadores	0	6	2	13	3	2	4	1	2	7	6	46	0,68%
Cabo Adaptador para Áudio	1	4	11	2	3	1	1	1	2	7	3	36	0,53%
Karaokê	1	3	8	3	10	2	5	4	0	0	0	36	0,53%
Mouse	0	0	0	0	0	0	2	5	4	6	16	33	0,49%
Acessórios para Impressora	0	1	3	0	5	3	3	1	5	8	3	32	0,47%
Outros meios de armazenamento	0	0	0	0	0	0	0	2	3	7	16	28	0,41%
TV Plasma	0	0	0	0	0	3	4	5	8	5	0	25	0,37%
Filmadora	1	4	4	6	2	0	3	1	2	0	1	24	0,35%
Other	0	0	0	0	0	0	0	0	0	0	23	23	0,34%
Câmera Digital	0	0	0	0	0	0	0	0	0	0	21	21	0,31%
Webcam	0	0	0	0	0	0	0	0	0	1	20	21	0,31%
Ferramentas Elétricas	0	0	0	0	0	0	0	0	0	0	17	17	0,25%
Software para Computadores	0	2	6	0	2	0	0	0	1	3	3	17	0,25%
Disco rígido	2	0	0	0	0	0	0	0	5	3	6	16	0,24%
Fone de Ouvido e Headset	0	0	0	0	0	0	0	6	3	1	2	12	0,18%
Artigos de escritório	0	0	0	0	0	0	0	2	3	0	5	10	0,15%
Esportes ao Ar Livre e Camping	0	0	0	0	0	0	1	2	1	6	0	10	0,15%
Cuidados e Segurança do Bebê	1	0	1	1	1	0	1	2	2	0	0	9	0,13%
Micro System e Mini System	0	0	0	0	0	0	0	0	0	5	3	8	0,12%
Eletrônicos para Uso Pessoal	4	1	1	0	0	0	0	0	0	0	0	6	0,09%
Secador de Cabelo	0	0	0	0	0	0	0	0	0	0	6	6	0,09%
Cartão de memória	0	0	0	0	0	0	0	0	0	1	3	4	0,06%
Total	207	527	500	599	809	132	507	514	986	1116	873	6770	

kelkoo

Neste relatório anual podemos visualizar as categorias com mais cliques, aparecendo Tvs,

Impressoras Multifuncionais, Notebooks e Tablets correspondendo a quase metade dos cliques durante o ano. É importante comparar esses números com as vendas ocorridas, para ver se são equivalentes, se não forem, é mais um trabalho para o analista de marketing buscar melhores estratégias.

Outro relatório importante que os comparadores de preços fornecem diz respeito aos produtos mais clicados, o ranking dos produtos, e sua relação com seu custo médio por clique como vemos a seguir.

Relatório relativo ao período de: 01/12 a 31/12

Escolha o período do relatório   01/12/2012 a 31/12/2012 Exibir

#	Categoria	Nome Oferta	URL Oferta	No Zoom	CPC Médio	Cliques
1	Celular	Celular Smartphone Optimus P350 - Android 2.2 3G WiFi Touch GPS Câm 3MP 2GB - LG - Prata	Link	Smartphone LG Optimus ME P350 Câmera 3.0 Megapixels Desbloqueado Android 2.2 (FroYo) Wi-Fi 3G	0,45	65
2	Guitarra	Guitarra Kids TEG-30 PINK KIDS - Thomaz	Link		0,15	49
3	Celular	Celular Xperia X10 Mini- GSM,Android 1.6,3G,Wi-fi,Câmera 5.0 MP, Bluetooth-Sony Ericsson- Preto	Link	Smartphone Sony Ericsson Xperia X10 Mini E10i Câmera 5.0 Megapixels Desbloqueado Android 1.6 (Donut) Wi-Fi 3G	0,45	43
4	Celular	Smartphone Xperia Arc 1.0GHz 3G Android 2.3 Wi-Fi Câm 8MP GPS 16GB - Sony Ericsson - Azul	Link	Smartphone Sony Ericsson Xperia Arc LT15i Câmera 8.0 Megapixels Desbloqueado Android 2.3 (Gingerbread) Wi-Fi 3G	0,45	43
5	Impressora e Multifuncional	Impressora Multifuncional 2050-J510a Imp/Scan/Cópia/USB/ Jato de tinta 28578 - HP - **	Link	Multifuncional HP Deskjet Jato de Tinta Colorida USB 2050	0,55	31
6	Celular	Smartphone Galaxy 5 - GPS,Câmera 2.0MP,Touch,3G,Android 2.1,Social Hub, WI-FI- Samsung - Preto	Link	Smartphone Samsung Galaxy 5 i5500 Câmera 2.0 Megapixels Desbloqueado Android 2.1 (Eclair) 3G Wi-Fi	0,45	30
7	Celular	Celular Nokia C3-Sistema Operaci. Symbian S40 6.0, Wi-Fi, Câmera 2.0MP, Bluetooth - Grafite	Link	Celular Nokia C3-00 2.0 Megapixels Desbloqueado Symbian S40 Wi-Fi	0,45	30
8	Tablet	Tablet Xoom MZ605 10.1" 32GB, 3G, Multi-Touch GPS Wi-Fi Android 3.0 33603 Motorola -**	Link	Tablet Motorola Xoom 10.1" 32 GB Wi-Fi 3G Android 3.0 (Honeycomb) 5 mpx MZ605	0,5	27
9	Baby Bouncer e Cadeira de Balanço	Cadeirinha Musical Frutinhas Divertidas 3652 - Dican	Link		0,15	27
10	Celular	Smartphone Galaxy SIII - I9300 Branco Desbloqueado 3G, Tela 4.8", Android 4.0, 16 Gb - Samsung	Link	Smartphone Samsung Galaxy S III GT-I9300 Câmera 8.0 Megapixels Desbloqueado 16 GB Android 4.0 (Ice Cream Sandwich) 3G Wi-Fi	0,45	26
11	Celular	Celular XT 300 Spice - Android 2.1, Wi-Fi, Touch, Bluetooth, Câmera 3.2MP- Motorola- Branco	Link	Smartphone Motorola Spice XT300 Câmera Desbloqueado Android 2.1 (Eclair) 3G Wi-Fi	0,45	24
12	Celular	Smartphone Galaxy Note GT-N7000, Azul, Desbloqueado, Android 2.3, Tela de 5.3", 8MP, 16GB - Samsung	Link	Smartphone Samsung Galaxy Note N7000 Câmera 8.0 Megapixels Desbloqueado 16 GB Android 2.3 (Gingerbread) 3G Wi-Fi	0,45	24
13	Celular	Celular S3350- Wi-Fi, Câmera 2.0MP, MP3 Player, Rádio FM, Bluetooth, Samsung- Preto	Link	Celular Samsung Ch@t 335 S3350 Câmera 2.0 Megapixels Desbloqueado Wi-Fi	0,45	23
14	Guitarra	Guitarra Kids TEG-30 SB KIDS - Thomaz	Link		0,15	20
15	Celular	Celular Nokia C3-Sistema Operaci. Symbian S40 6.0, Wi-Fi, Câmera 2.0MP, Bluetooth - Dourado	Link	Celular Nokia C3-00 2.0 Megapixels Desbloqueado Symbian S40 Wi-Fi	0,45	19
16	Viveiros, Gaiolas e Poleiros	Gaiola Hamster Média - 70301 - Chalesco	Link		0,15	18
17	Celular	Celular Galaxy Ace Duos S6802 , Preto, Desbloqueado, Tela 3.5". Android 2.3, 3G - Samsung -**	Link	Smartphone Samsung Galaxy Ace Duos S6802 Câmera 5.0 Megapixels Desbloqueado 2 Chips 3 GB Android 2.3 (Gingerbread) 3G Wi-Fi	0,45	18

Neste exemplo do Zoom, mostramos o relatório mensal dos produtos, esta planilha também pode ser feita diariamente, e a comparação entre os produtos mais clicados com os mais vendidos traz números importantes para as análises da performance do marketing e para as tomadas de decisões mais rápidas.

O comparador de preços é uma mídia direta onde o produto ou serviço aparece junto com os concorrentes, fazendo o cliente escolher qual vai comprar, nesse caso a estratégia de marketing tem relação direta com o preço oferecido.

6.8) Email marketing

Uma das coisas mais chatas que tem é quando você abre o seu computador, ou email no celular e entram um monte de emails de lojas e empresas oferecendo serviços e produtos que você não quer nem saber. Esses emails chegam todos os dias, as vezes mais de uma vez por dia da mesma loja.

Esses emails são chamados de email marketing, uma forma de atingir um público grande para mostrar as ofertas dos produtos e serviços que uma parte deste público pode querer.

As empresas de compras coletivas têm a sua base de marketing principalmente no email marketing, elas mostram quantos clientes formam a base de emails deles para mostrar a audiência e abrangência que tem.

O principal ponto do email marketing é convencer quem recebe o email a abrir e conferir o que está sendo oferecido, por isso a importância do que vai estar escrito como "assunto" do email, é bom evitar palavras como grátis, promoção, preço e oferta, que geralmente são filtradas e caem direto na caixa de spams de emails e nem sequer são abertos.

Você vai dizer que não funciona, que é spam e ninguém abre esses emails, eu diria a mesma coisa, mas vamos parar e lembrar se alguma vez já fizemos alguma compra via email marketing, seja de lojas, agências de viagens ou sites de compras coletivas, assim vemos que por mais chato e ineficiente que possa parecer, este tipo de marketing ainda funciona, ainda são realizadas vendas através de email marketing.

6.9) Links patrocinados em portais

Da mesma forma que quando pesquisamos alguma coisa no Google aparecem os anúncios em destaque, tem alguns portais que oferecem a oportunidade de inserir links patrocinados em suas páginas, seguindo a mesma forma de pagamento do Google Adwords, insere-se crédito e a medida que vão clicando e entrando no seu site é descontado o CPC e vai diminuindo o seu saldo.

Vamos usar como exemplo o portal www.uol.com.br e propaganda da Melito nele.

No dia dos pais, em agosto, a Melito fez uma campanha onde dava um celular grátis para compras acima de um determinado valor, como podemos ver logo a seguir.

PROMOÇÃO DIA DOS PAIS

Título: Celular gratis
Status: ☐ Ativa
Duração: de 18/07/2012 a 07/08/2015
Orçamento Diário: R$ 5,00

Status: ☐ Ativa   Status taxa de clique: ▇   0,096   ID

Segmentação
Amplie sua divulgação e conquiste mais clientes escolhendo o segmento ideal para seu negócio.
○ Por assunto   ○ Por perfil   ⦿ Por palavra-chave

Para segmentar por palavra-chave, você precisa escrever primeiro o texto do seu anúncio. A seguir, você poderá definir as palavras que possuem relação com o produto/serviço que você está anunciando.

ⓘ Utilize as sugestões de palavra-chave para agilizar a criação do anúncio.

Título do anúncio (21/25) caracteres
Promoção Dia dos Pais

Exemplo

Descrição
Linha 1 (33/35) caracteres
Compre Acima de R$ 420,00 e Ganhe

Promoção Dia dos Pais
Compre Acima de R$ 420,00 e Ganhe
Um Celular LG Para Dar de Presente!
www.Melito.com.br

Linha 2 (35/35) caracteres
Um Celular LG Para Dar de Presente!

Acima você pode ver como o seu anúncio será exibido.

Atenção!
De acordo com a página onde irá aparecer, o texto pode ser dividido em mais linhas, sem alteração do anúncio.

URL de exibição (17/35) caracteres
www.Melito.com.br
Exemplo: www.suaempresa.com.br

☐ URL de destino é a mesma de exibição
http://www.Melito.com.br
Exemplo: http://www.suaempresa.com.br/

Para criar uma campanha decidimos o orçamento diário, se vamos segmentar por assunto, por perfil ou por palavra-chave. Neste exemplo segmentamos por palavra-chave. A criação do anúncio segue a mesma linha dos anúncios do Google Adwords, conforme vemos acima e o exemplo de como o anúncio será mostrado.

Próximo passo está na escolha das palavras-chave, que quando aparecer alguma das palavras escolhidas na campanha em qualquer uma das páginas do www.uol.com.br o anúncio será mostrado.

Palavras-chave

Defina as palavras-chave que possuem relação com produto/serviço
Digite e pressione "Enter" na lista abaixo ou procure sugestões de palavras-chave para incluir.

(3/200) palavras
dia dos pais
pai
presente

Busque sugestões de palavras-chave de acordo com:
- O texto e a URL do seu anúncio
- As palavras-chave da lista ao lado
- URL de referência: _____

[ENCONTRAR PALAVRAS]

Sugestões de palavras-chave (clique para incluir)

As palavras-chave sugeridas podem ser reprovadas na avaliação do seu anúncio.
Procure sempre adicionar palavras que tenham relação com o texto do anúncio e o seu produto/serviço.

CMC do anúncio
Estipule o valor do Custo Máximo por Clique que você está disposto a pagar por cada clique efetuado em seu anúncio.

Valor do seu CMC R$ 0,25   [Atualizar tabela]
Mínimo permitido: R$ 0,15

SEGMENTAÇÃO	IMPRESSÕES POR MÊS	POSIÇÕES (os valores abaixo são em Reais (R$))									
		1º	2º	3º	4º	5º	6º	7º	8º	9º	10º
dia dos pais	-	0,24	0,23	0,22	0,21	0,20	0,19	0,18	0,17	0,16	0,15
pai	-	0,24	0,23	0,22	0,21	0,20	0,19	0,18	0,17	0,16	0,15
presente	-	0,24	0,23	0,22	0,21	0,20	0,19	0,18	0,17	0,16	0,15

Está com dúvidas sobre como funciona o CMC?

[Salvar dados]   Cancelar

Temos a opção de definir o valor que será pago por clique, também acompanhando o valor que estas palavras estão recebendo de outros anunciantes. Nesse caso as posições de destaque não farão com que seu anúncio seja o primeiro da lista, mas será o anúncio que mais vai aparecer quando as palavras-chave surgirem. No nosso exemplo em todas as páginas que tiverem as palavras "dia dos pais", "pai" e "presente" o anúncio sera o mais mostrado.

O relatório mostra a performance da campanha.

ID	STATUS	ANÚNCIOS	CMC (R$) LANCE ATUAL	CLIQUES*	IMPRESSÕES	TC%	CPC (R$)	CUSTO (R$)	POSIÇÃO MÉDIA
		Anúncios dessa campanha	0,17	286	1.995.538	0,014	0,16	45,89	-
617770		Ganhe 4% de Desconto! Cadastre-se no Site! São Celulares, TVs de LED, Tablets e Muito Mais! www.meito.com.br	0,16	148	441.220	0,034	0,15	22,37	3ª
		PALAVRAS-CHAVE: 212 sexy, alarme, animale, aquecedor, azzaro, balde de gelo, barzi motors, batedeira, bateria, bebê, bicicleta, caixa de som, cal calvin klein, camping, carolina herrera, cartucho de tinta, cavaquinho, cd player, celular, chanel, circulador, creme nívea, davidoff dvd, eletrodomésticos, eletrônicos, esteira, faqueiro, fechadura, ferramentas, ferro de passar, forno, gps garmin, grill, guitarra, hu boss, impressora, informática, ipad, ipod, jogo de chá, lancome, laptop, liquidificador, loreal, marina de bourbon, mini moto, mma modem, monitor, netbook, notebook, perfume, perfume ferrari, perfume forum, perfume lacoste, perfume lancome, perfume montl piano, playstation, porta retrato, porteiro eletrônico, prancha, ps3, quadriciclo, sanduicheira, secador, skate motorizado, smart tv, smartphones, suplemento, tablet, talheres, teclado, tv, ud, ufc, veículos motorizados, ventilador, vichy, videogame, viola, violino violão, webcam, wii, x360, xícara							
617707		Celular Grátis Ganhe um Celular LG GS155b de Graça Adquira R$ 420 em Produtos na Loja www.meito.com.br	0,16	83	494.141	0,017	0,15	12,79	4ª
		PALAVRAS-CHAVE: celular, celular lg, celular lg gsb, celulares, comprar presente, dia dos pais, digital, eletroportáteis, eletrônica, eletrônicos, ganhe celular, grátis, informática, instrumentos musicais, lg, notebook, presente, produtos na loja, relógios presentes, tablet, teclado, telefonia, telefonia celulares, ud, veículos motorizados							
617768		Promoção Dia dos Pais Compre Acima de R$ 420,00 e Ganhe Um Celular LG Para Dar de Presente! www.meito.com.br	0,25	31	140.475	0,022	0,21	6,65	3ª
		PALAVRAS-CHAVE: dia dos pais, pai, presente							

Pelos dados mostrados neste relatório, vemos o custo médio do clique, o número de vezes que o anúncio apareceu (numero de impressoes) e os cliques que recebeu. No nosso exemplo deu uma TC (taxa por clique) de 0,022%, ou seja, para cada 4500 vezes que o anúncio aparecia 1 pessoa clicava nele e era direcionada a página da loja.

Nesse exemplo a campanha foi alterada aumentando-se o valor do clique, para tentar melhorar a sua performance, isso é possível de ser feito através da análise deste relatório. Outra opção para tentar melhorar a campanha poderia ser a inserção de mais palavras-chave.

6.10) Blogs

Um blog é um portal da internet, um espaço onde a pessoa escreve e coloca a sua opinião sobre assuntos que acha interessante. Um blog é formador de opinião, e como tal tem seus seguidores e público que são formados através das opiniões, textos e imagens que o blogueiro publica.

O formador de opinião em forma de blog é uma mídia importante, pois atinge um público que os anunciantes querem atingir, e por isso também deve ser considerado em termos de anúncios e estar incluso nas estratégias de e-marketing.

Uma opção, que o blog Pesquisas e Números tem, é a permissão para que o Google, através da ferramenta Google Adsense, insira anúncios junto aos textos do blog. Esses anúncios são os mesmos que foram criados no Google Adwords. Vamos ver o exemplo a seguir.

Os brasileiros no celular

No Brasil tem mais aparelhos celulares que gente, estamos perto de sermos 200 milhões de brasileiros vivendo no país, enquanto já temos 250 milhões de celulares habilitados no país.

É importante saber o que o brasileiro faz no celular, ou nos celulares, já que muitos tem mais de um aparelho. Por isso a Yahoo Brasil entrevistou 750 brasileiros para saber dos seus hábitos de internet no celular. Parte da pesquisa foi analisada no MktMais.

Enquanto temos pouco mais de 80 milhões de brasileiros com acesso a internet somos mais de 45 milhões com tecnologia 3G, ou seja, a maioria dos internautas brasileiros também acessa a internet na palma da sua mão com seu smartphone.

Checam seus emails no telefone 77% dos smartphonautas, enquanto 53% compartilham fotos pelo telefone.

Portanto tudo o que for escrever, publicar ou anunciar na internet tem que considerar a versão para os telefones celulares, que pode ser o primeiro lugar que sua mensagem vai ser vista, e deletada se não estiver carregada de acordo.

No texto onde fala-se sobre os brasileiros no celular, provavelmente o Google Adwords considerou a palavra-chave "celular" e colocou um anúncio onde tinha "celular" como palavra-chave.

Nesse caso o Zoom está pagando para o Google Adwords, e se alguém clicar no anúncio sendo direcionado à página do Zoom, o blog Pesquisas e Números recebe algo por este clique.

Tem blogs que tem uma audiência formada e realmente influenciam o seu público, verdadeiramente são formadores de opinião, nesses casos as empresas procuram diretamente os blogueiros para negociar os anúncios, sabendo da força de penetração do blog.

É o caso do Sweetest Person Blog, http://sweetestpersonblog.com/, um dos blogs da autora, Paula Pfeifer, que é formadora de opinião nacional nos assuntos que ela aborda no blog, como moda, comportamento, viagens e outros assuntos que dizem respeito ao dia a dia da mulher moderna.

| Home | Me, myself and I | Crônicas da Surdez | Arquivos | Contato |

Blogando em 2013: alguém ajuda?

21/01/2013

Lybethras COLEÇÃO 2013
Veja Aqui

Já são quase **seis anos** de **Sweetest** – e de **2007** pra cá, MUITA coisa mudou. Tenho saudade daqueles tempos áureos em que todo mundo era amigo, ninguém levava essa

Nesse exemplo a Lyberthas está anunciando a coleção de verão de 2013 com um anúncio no blog, graças ao poder de influenciar e formar opinião que este blog tem.

Blogs também sao mídias que devem ser avaliadas em estratégias de marketing na internet.

Cap. VII

Monitoramento

7) Monitoramento

Como toda campanha de marketing é importante saber como está a performance da campanha, para poder monitorá-la e fazer os ajustes necessários.

Na internet é a mesma coisa, tem uma ferramenta, Google Analytics, que oferece informações importantes sobre vários aspectos da campanha, inclusive contando a presença real do internauta na página do site no momento de navegação. O melhor de tudo é que esta ferramenta é gratuita.

Vamos ver como funciona para a Melito e alguns relatórios que o Analytics oferece.

7.1) Google Analytics e seus números

O Google Analytics é simples de ser instalado no seu site, você nem precisa ser um expert em programação para fazê-lo, geralmente seu site já vai ser criado com essa ferramenta, que é totalmente gratuita.

Os exemplos que vamos mostrar referem-se as campanhas da Melito no mês de dezembro.

No relatório a seguir vemos o total de visitas no mês, a quantidade média de páginas visitadas por internauta, a duração da visita, a porcentagem de novas visitas (pessoas que entraram no site pela primeira vez) e a taxa de rejeição (corresponde aquelas pessoas que entraram e saíram do site na mesma página, ou seja, entraram e só viram uma página).

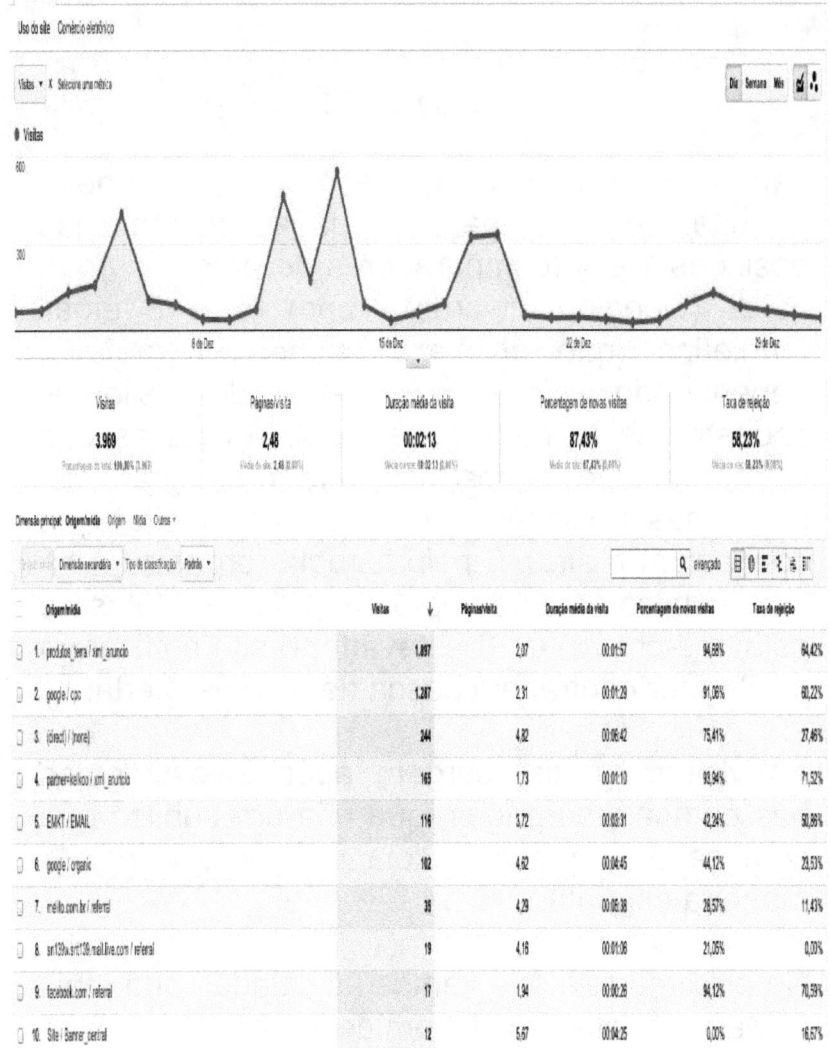

Neste relatório vemos a origem das visitas, como as pessoas foram trazidas para o site. Nesse exemplo vemos que através de campanhas pagas vieram mais gente que de maneira gratuita. As campanhas pagas estão nas posições 1 e 4 (comparadores de preços - Xml), na 2 (Google Adwords - cpc), 5 e 8 email marketing (que às vezes pode ser gratuita, dependendo de sua lista de clientes cadastrados) e na 9 (facebook). As visitas que vieram fora de campanhas, que foram gratuitas, estão nas posições 3 e 7 (entraram direto, já conheciam o site), 6 pelo Google (organic, já há um público criado para alguns produtos e palavras-chave) e 10 estavam no site e clicaram no Banner central em busca de alguma oferta.

As visitas "grátis" surgem após investimentos nas campanhas pagas, que cria um público que começa a conhecer a loja e o site, vindo de maneira espontânea.

No próximo relatório vemos as cidades que mais enviaram visitas ao site em dezembro.

Dimensão principal: País/território

Dimensão secundária ▼   Q avançado

Cidade	Visitas ↓	Páginas/visita	Duração média da visita	Porcentagem de novas visitas	Taxa de rejeição
1. Sao Paulo	519	2,29	00:02:05	85,93%	60,12%
2. Rio de Janeiro	367	2,46	00:02:05	88,01%	61,58%
3. Belo Horizonte	251	2,45	00:01:52	89,24%	61,75%
4. (not set)	169	2,25	00:02:12	91,12%	63,31%
5. Curitiba	161	3,06	00:03:23	59,63%	51,55%
6. Campinas	112	2,00	00:01:31	88,39%	54,46%
7. Salvador	110	1,85	00:00:47	92,73%	68,18%
8. Brasilia	91	1,77	00:00:52	90,11%	70,33%
9. Recife	85	2,04	00:01:41	88,24%	64,71%
10. Porto Alegre	72	2,14	00:01:17	88,89%	61,11%
11. Goiania	71	1,76	00:00:58	92,96%	76,06%
12. Vitoria	66	2,65	00:04:00	90,91%	63,64%
13. Fortaleza	64	2,42	00:02:56	87,50%	56,25%
14. Ribeirao Preto	56	2,05	00:01:16	91,07%	69,64%
15. Sao Luis	43	3,14	00:02:22	67,44%	37,21%
16. Santos	43	3,09	00:02:24	95,35%	48,84%
17. Presidente Prudente	42	2,83	00:01:50	88,10%	52,38%
18. Sao Bernardo do Camp	40	2,40	00:01:17	92,50%	57,50%
19. Maringa	39	1,87	00:00:51	94,87%	56,41%
20. Teresina	37	4,03	00:04:43	97,30%	48,65%

Entre as cidades temos o predomínio da região sudeste nas 3 primeiras posições. Esse relatório serve para fazermos várias análises, como por exemplo, os visitantes de Teresina foram os que visitaram mais páginas e ficaram mais tempo na loja enquanto os de São Luis os que apresentaram a menor taxa de rejeição. Com isso pode-se tentar uma campanha específica para a região nordeste, como exemplo de estratégia de marketing para melhorar a performance da loja.

No relatório a seguir, que mostra as visitas através de aparelhos celulares e tablets, que representaram 4% do total de visitas do mês, os aparelhos da Apple representaram mais da metade das visitas.

Visitas	Páginas/visita	Duração média da visita	Porcentagem de novas visitas	Taxa de rejeição
161	**1,86**	**00:01:09**	**88,20%**	**66,46%**
Porcentagem do total: 4,06% (3.966)	Média do site: 2,49 (-25,19%)	Média do site: 00:02:13 (-48,24%)	Média do site: 87,43% (0,88%)	Média do site: 38,23% (64,14%)

Dimensão principal: Informações sobre dispositivo móvel · Marca do dispositivo móvel · Provedor de serviços · Seletor de entrada para celular · Sistema operacional · Outros ▼

	Informações sobre dispositivo móvel	Visitas ↓	Páginas/visita	Duração média da visita	Porcentagem de novas visitas	Taxa de rejeição
☐	1. Apple iPad	52	2,17	00:01:16	90,38%	57,69%
☐	2. Apple iPhone	36	2,17	00:02:12	83,33%	55,56%
☐	3. (not set)	18	2,00	00:01:19	94,44%	72,22%
☐	4. Samsung GT-I9300 Galaxy S3	8	1,38	00:00:07	87,50%	75,00%
☐	5. Samsung GT-P5100 Galaxy Tab 2 10.1	5	1,60	00:00:31	80,00%	80,00%
☐	6. LG E612f Optimus L5	3	1,00	00:00:00	100,00%	100,00%
☐	7. Motorola MZ605 Xoom	3	1,33	00:00:19	66,67%	66,67%
☐	8. Samsung GT-I9070 Galaxy S Advance	3	1,00	00:00:00	66,67%	100,00%
☐	9. Samsung GT-P3110 Galaxy Tab 2 7.0	3	1,00	00:00:00	33,33%	100,00%
☐	10. Samsung GT-P7500 Galaxy Tab 10.1	3	1,33	00:00:26	100,00%	66,67%
☐	11. LG P920h Optimus 3D	2	1,00	00:00:00	50,00%	100,00%
☐	12. Motorola MB860 Atrix	2	1,00	00:00:00	100,00%	100,00%
☐	13. Samsung GT-I9000B Galaxy S Vibrant	2	1,00	00:00:00	100,00%	100,00%
☐	14. Samsung GT-P3100 Galaxy Tab 2 7.0	2	1,50	00:01:06	100,00%	50,00%
☐	15. Samsung GT-P7510 Galaxy Tab 10.1	2	1,00	00:00:00	100,00%	100,00%
☐	16. Samsung GT-S5360B Galaxy Y	2	1,00	00:00:00	100,00%	100,00%
☐	17. Samsung GT-S5830B Galaxy Ace	2	2,00	00:02:42	100,00%	0,00%
☐	18. BlackBerry 9360 Curve	1	1,00	00:00:00	100,00%	100,00%
☐	19. LG P500h Optimus One	1	1,00	00:00:00	100,00%	100,00%
☐	20. LG P705 Optimus L7	1	1,00	00:00:00	100,00%	100,00%

Qual estratégia seguir, criar campanhas específicas para celulares e tablets, ou ignorar esses 4% de visitas? São análises a serem feitas usando esta planilha como base.

O acompanhamento em tempo real das visitas ao site também é possível com o Analytics, como vemos no próximo relatório. O único problema é que você não consegue interagir com o cliente, você consegue apenas acompanhar as suas ações, sem ter poder algum sobre o que é feito na loja.

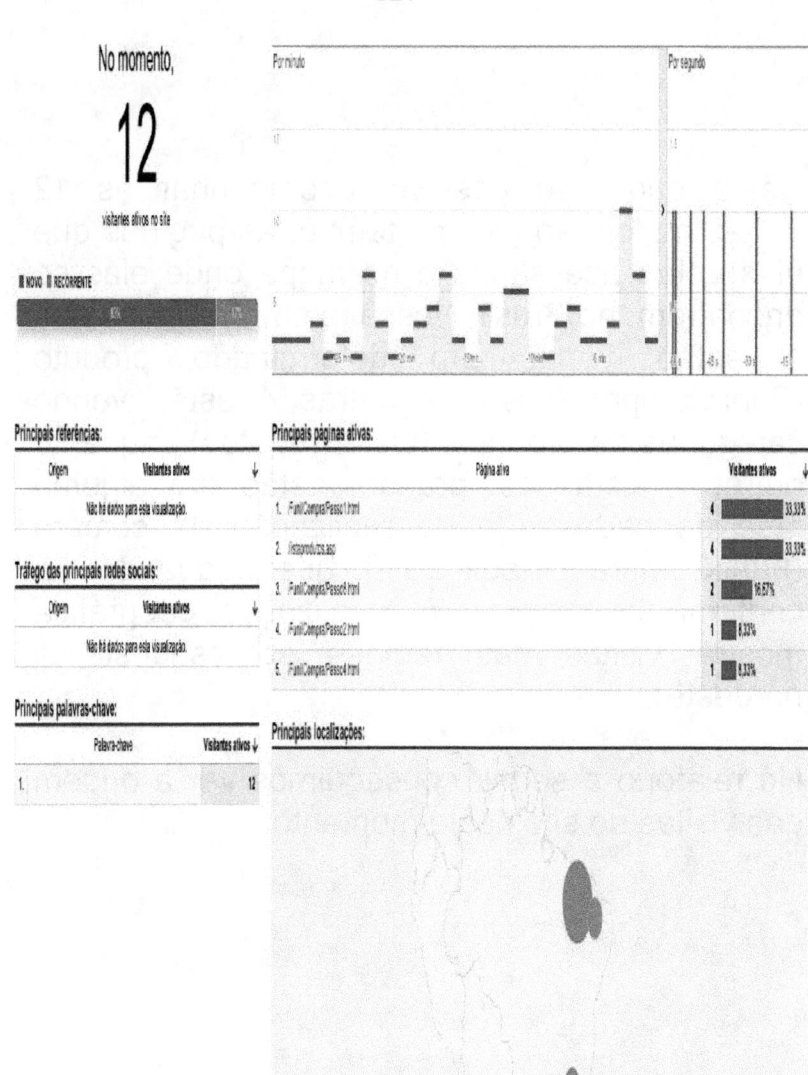

Nesta página é possível acompanhar as 12 visitas na loja ao mesmo tempo, as páginas que elas estão acessando e no mapa onde elas se encontram, no Brasil. Nesse exemplo vemos que 4 estão vendo um determinado produto (FunilCompra/Passo 1), outras 4 estão vendo categorias de produtos (ListaProdutos) enquanto outras 4 estão comprando, estão em alguma fase do cadastro e da realização da compra (FunilCompra/Passo2 ao 8, que é quando ela confirma a compra). A localização geográfica mostra visitas das regiões sul, sudeste e nordeste.

No relatório a seguir conseguimos ver a origem das visitas ao site neste momento.

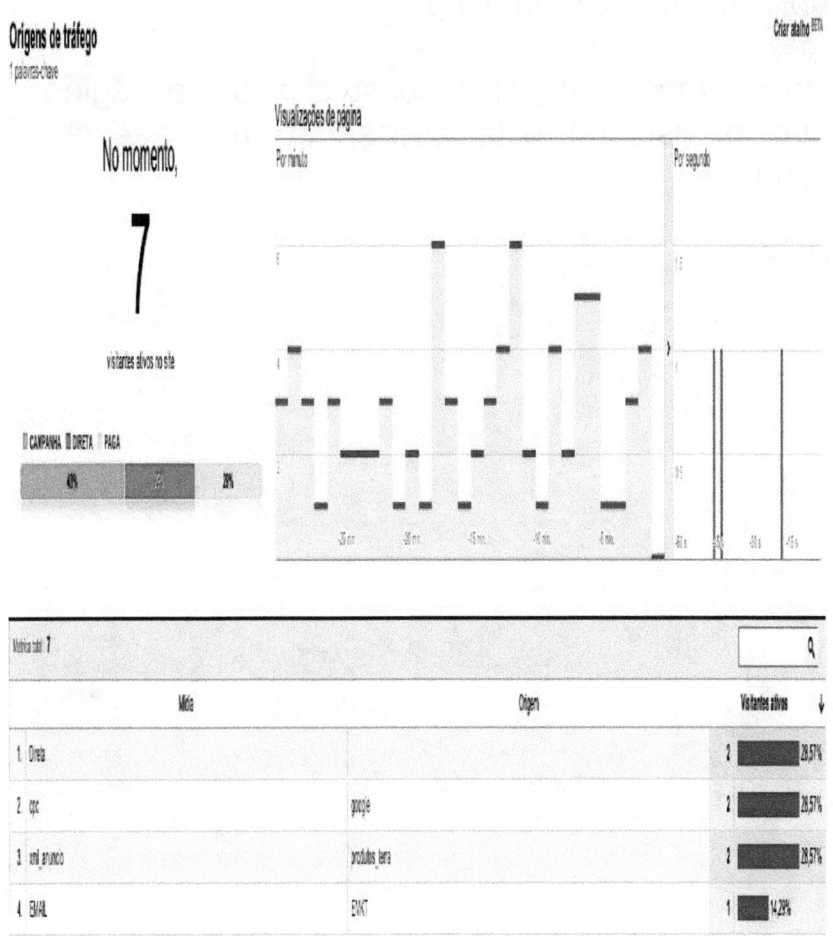

Desses 7 visitantes 2 vieram diretamente ao site (provavelmente não é a primeira visita), 2 vieram através de campanhas do Google Adwords (cpc), 2 de comparadores de preços (xml) e 1 abriu um email marketing.

No relatório a seguir é possível saber a página que o visitante está acessando nesse exato instante.

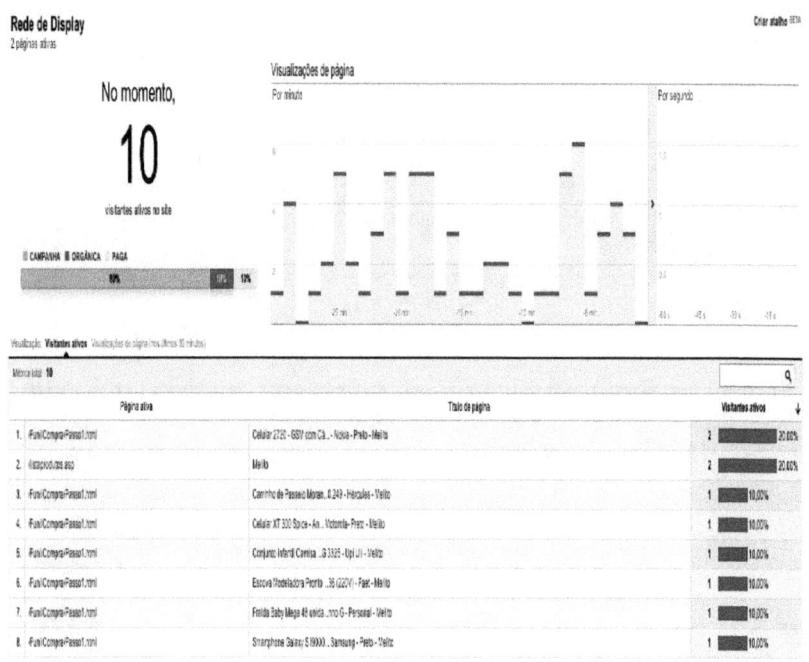

Quando o visitante está na página FunilCompra/Passo1 podemos ver qual produto ele está vendo. No nosso exemplo temos clientes nas categorias de celulares, artigos para bebê e escovas de cabelo, ou seja, provenientes de diversas mídias e campanhas.

7.2) O que pode ser medido

O e-marketing pode ser mensurado de várias formas, e como vimos acima, em tempo real.

Essas mensurações fazem com que o marketing na internet seja mais dinâmico, pode-se acompanhar e corrigir os caminhos a qualquer momento, e ver quase que simultaneamente os resultados de cada ação que é feita.

Comparando a loja virtual com uma loja física, seria como saber de todos os clientes que estão dentro da loja de onde eles são, porque eles estão ali, como ficaram sabendo da existência da loja (qual mídia os trouxe) e o comportamento deles dentro da loja, mas com uma diferença, na loja física o vendedor consegue convencer o cliente que está deixando a loja sem comprar nada a experimentar um produto similar que possa ser do seu agrado, enquanto na loja virtual no momento em que o cliente está na loja não há esta interação e o cliente pode sair sem que se faça nada para poder segurar na loja.

Cada tomada de decisão tem a repercussão medida na hora, com isso aumenta a pressão sobre os resultados da estratégia de marketing.

132

Cap. VIII

Conclusão

8) Conclusao

Com o aumento do alcance da internet, mais gente tendo acesso a rede, ampliando também a confiança nas compras online, a tendência é aumentar o comércio eletrônico cada vez mais, e com isso tornar mais acirrada a concorrência entre as lojas virtuais, mas também tem outras consequências e tendências que este aumento traz, como menos dinheiro em circulação, menos pessoas circulando nas cidades, com novas formas de se trabalhar, com mais flexibilidade, como podemos ver nos dois textos publicados no blog Pesquisas e Números a seguir.

8.1) Acabou o dinheiro

"É o fim do dinheiro, sem ele o Brasil economizaria 1% do seu PIB.

Opa, que mágica é essa, como que acabando o dinheiro o PIB do país pode aumentar?

Esta é a conclusão do livro "The end of Money", (o fim do dinheiro) escrito pelo americano David Wolman, sobre o que aconteceria se não tivesse mais moedas e cédulas de dinheiro em circulação pelo mundo, comentado em matéria na Época Negócios.

Alguns números que mostram o que é gasto para a fabricação de dinheiro:

- Apenas para cunhar as moedas em circulação nos Estados Unidos são gastos 2 mil toneladas de níquel, 16 mil de zinco e 20,5 mil de cobre em um ano.

- O custo de produção da moeda de 1 centavo é de 2,4 centavos, enquanto a de 5 centavos é de 11,1 centavos.

- O Brasil economizaria R$41 bilhões se tirasse todas as notas e moedas que circulam pelo país.

Hoje em dia o uso do dinheiro tem sido mais virtual, os pagamentos via internet e até mesmo pelo celular estão crescendo, até mesmo valores baixos, como passagens de ônibus nas cidades podem ser adquiridos sem colocar a mão no dinheiro, basta alguns cliques e o cartão de transporte está carregado e pronto para ser usado nos ônibus, como acontece em Curitiba.

Loja virtual é um exemplo disto, você entra na loja, escolhe o seu produto, define as condições de pagamento e acessa seu banco online, ou cartão de crédito, para efetuar o pagamento, fazendo a sua compra sem encostar os dedos em cédulas ou moedas, apenas alguns cliques foram suficientes para realizar compras que chegarão no seu endereço em poucos dias.

Acredito que o dinheiro físico continuará existindo, ainda não podemos dizer que está em extinção, mas a sua participação em nossas carteiras, bolsos e bolsas irá diminuir, graças ao crescimento das transações online."

Texto publicado em 20 de junho de 2012
http://www.pesquisasenúmeros.com/2012/06/acabou-o-dinheiro.html

8.2) O trabalho nos dias de hoje

"Como temos comentado no blog, o trabalho está se modificando, cada vez mais o trabalho braçal resume-se a digitar e clicar no mouse, prevalecendo o lado intelectual das pessoas no desempenho de suas profissões.

Uma pesquisa realizada com 102 trabalhadores pela psicóloga Sandi Mann, da britânica University of Central Lancashire, levanta questões referentes à motivação no trabalho.

Entre os resultados obtidos, 80% afirmam que o tédio os deixam desconcentrados, sendo que esse aborrecimento pode levar a erros em suas funções, prejudicando seu trabalho. Como estão desanimados, uma das soluções encontradas para levantar o astral é o happy-hour regado a bebida alcoólica, que não é saudável.

Outro estudo, feito duma parceria de pesquisadores da Universidade de Milão e o Instituto de Tecnologia de Massachusetts, concluiu que o facebook ajuda a relaxar, reduzindo os batimentos cardíacos e diminuindo o nível do stress. Os resultados mostram que a interação com outras pessoas, que é feito na rede social, traz efeitos positivos para a mente e corpo.

Juntando esses dois estudos, vemos que o trabalho, da maneira tradicional, tem trazido mais stress e tédio aos trabalhadores, inclusive prejudicando o bom desempenho de suas funções, enquanto a navegação no facebook é relaxante e desestressante. Portanto, a liberação do facebook no ambiente de trabalho não atrapalha o desempenho do trabalhador, mas ajuda a mantê-lo tranquilo para exercer as funções para qual está sendo pago.

Claro que as visitas às páginas do facebook não precisam durar o dia inteiro de trabalho, mas umas olhadas de vez em quando na página da Melito e do Pesquisas e Números no facebook, curtindo estas páginas, é até saudável.

Mais um ponto a favor do trabalho em casa, que como temos analisado por aqui, acaba trazendo mais benefícios que prejuízos, tanto ao trabalhador quanto a empresa, essas 2 pesquisas colaboram para essa direção como o futuro das relações de trabalho, e não está muito distante esse dia."

Texto publicado em 25 de marco de 2012
http://www.pesquisasenúmeros.com/2012/03/o-trabalho-nos-dias-de-hoje.html

8.3) Análise Final

Basicamente este livro buscou desvendar o que envolve a atividade do comércio eletrônico e a estratégia de marketing que é exigida para conseguir bons resultados, mas com uma diferença da estratégia para lojas físicas, a mensuração dos resultados pode ser gratuita e em tempo real, deixando o e-marketing mais dinâmico.

O trabalho para criar um slogan para uma campanha publicitária é o mesmo que para criar um anúncio no Google, por exemplo, já que se o anúncio não for atraente ninguém vai clicar e ser direcionado ao site.

Os livros de marketing do guru Philip Kotler continuam atuais, as estratégias não mudam com a internet, o que muda é o surgimento de novas mídias, oferecendo novas opções para que o publicitário possa diversificar ainda mais as opções de mídia para divulgar os produtos e serviços das empresas.

Não existe nenhuma fórmula mágica para trazer resultados financeiros rápidos na internet, da mesma forma que não existe nenhum ramo ou atividade da economia que traga dinheiro rápido, tudo vem como fruto da dedicação e trabalho árduo do profissional, seja da área que for.

Sites Constantes na Obra

9) Sites constantes na obra

www.adwords.google.com.br
www.amazon.com
www.bitly.com
www.boo-box.com
www.david-wolman.com
www.epocanegocios.globo.com
www.exame.com.br/revista-exame-pme
www.facebook.com
www.fuego.com.br
www.gemconsortium.com
www.google.com
www.google.com/analytics
www.kelkoo.com.br
www.kuantokusta.com.br
www.melito.com.br
www.mktmais.com
www.paranapesquisas.com.br
www.pesquisasenumeros.com
www.plantaoonline.com
www.shoppinguol.com.br
www.sweetestpersonblog.com
www.techtudo.com.br
www.triclick.com.br
www.twitter.com
www.zoom.com.br

Outras Obras do Autor

148

10) Outras obras do autor

- Relato duma Viagem – Índia, Cingapura, Austrália e China, pelo Clube de Autores em 2009

- O homem, sujeito do trabalho e suas relações no sistema econômico, pelo Clube de Autores em 2011

- Empreendedorismo no Brasil 2009, em parceria com outros autores, pelo IBQP (Instituto Brasileiro da Qualidade e Produtividade)

- Empreendedorismo no Brasil 2010, em parceria com outros autores, pelo IBQP (Instituto Brasileiro da Qualidade e Produtividade)

- Empreendedorismo no Brasil 2011, em parceria com outros autores, pelo IBQP (Instituto Brasileiro da Qualidade e Produtividade)

- Emprender desde la pequeña y mediana empresa: Nueve casos de éxito de emprendedores latinoamericanos, em parceria com outros autores escreveu sobre o caso brasileiro, pela FUNDES(Chile), em 2011

- GEM 2010 Education and employability of women in Brazil – reality and perspectives, em parceria com outros autores, em Cadiz na Espanha, 2010

- 2010 Report: Women Entrepreneurs Monitor, Babson College (EUA) em parceria com outros autores escreveu sobre o caso brasileiro, em 2011

Glossário

Glossário

Banda larga – capacidade de transmissão de dados superior à média padrão existente no mercado

CPC (Custo Por Clique) – forma de cobrança feita pelas mídias eletrônicas, onde é descontado o clique do consumidor, por isso a denominação Custo por Clique

E-consumidor ou Neoconsumidor – consumidor de e-commerce, comércio eletrônico

E-marketing – marketing voltado ao e-consumidor, realizado no e-commerce

Hashtag (#) – tags são palavras-chave relevantes, ou termos associados a uma informação, enquanto a Hashtag se tornou palavra-chave de assunto que está sendo comentado no Twitter no momento

Índice de Buzz – índice que une dados qualitativos e quantitativos para análise de performance de uma campanha de marketing

Melito – loja virtual com mais de 4 mil produtos, de propriedade do autor deste livro

Palavra-chave – palavra que resume os assuntos principais de um texto

Tecnologia 3G – é a tecnologia usada pela terceira geração de telefonia móvel, hoje em dia já temos no Brasil a 4G, da quarta geração

TriClick – portal de serviços e shopping virtual de propriedade do autor deste livro

URL – em inglês é: Uniform Resource Locator, traduzindo ao português temos Localizador Padrão de Recursos, que nada mais é que o endereço de um recurso disponível na internet, o endereço do site

www.ingramcontent.com/pod-product-compliance
Lightning Source LLC
Chambersburg PA
CBHW051807170526
45167CB00005B/1913